Die besten *vegetarischen* Rezepte

Die besten *vegetarischen* Rezepte

Carola Ruff

ISBN 978-3-89798-532-2

Covergestaltung und Layout: Uta Wolf, Quedlinburg
Bildnachweis siehe S. 96
Druck und Bindung: Belvedere Print & Packaging B.V., Oosterbeek (NL)

www.buchverlag-fuer-die-frau.de

Inhalt

Gesund, lecker, Gemüse

Vegetarisch essen bedeutet nicht zu verzichten, sondern etwas zu gewinnen: leckeres Essen, Lebensqualität, Gesundheit. Wenn Sie zu diesem Buch gegriffen haben, sind Sie entweder selbst bereits Vegetarier und auf der Suche nach neuen Rezepten oder Sie haben die Absicht, einer zu werden. In beiden Fällen kann man Ihnen nur gratulieren.

Und vor allem kann ich Ihnen gleich zu Beginn diese eine Frage beantworten, die wohl alle beschäftigt: „Fehlt mir bei einer rein vegetarischen Ernährung nicht etwas?" Die Antwort lautet: **Nein. Ihnen wird nichts fehlen.** Weder in dem Sinne, dass Sie sich nach dem Verzehr von Fleisch und Wurst zurücksehnen. Noch in einem ganz ernährungsphysiologischen Sinn.

Dazu kurz ein paar Worte: Noch vor wenigen Jahren mochten die Experten der Deutschen Gesellschaft für Ernährung (DGE) *vegetarische Ernährung nicht allgemein für alle* empfehlen. Sie glaubten, dass die wenigsten Menschen wissen, wie viel Vitamine, Spurenelemente, Mineralien etc. sie täglich brauchen, um sich gefahrlos vegetarisch zu ernähren. Eine Studie der Universität Jena zeigt jedoch, dass man sich über den Wissensstand von Vegetariern keine Sorgen machen muss: 70 bis 80 Prozent sind junge, überdurchschnittlich gebildete Frauen zwischen 20 und 29 Jahren.

Die Hauptsorge der Experten gilt der Versorgung mit Proteinen, die sie vor allem im Fleisch vermuten. Dabei ist es so einfach: Diese Proteine sind tatsächlich in Fleisch und Fisch enthalten, aber auch in **Eiern, Hülsenfrüchten und Milchprodukten**. Unser Körper braucht am Tag pro Kilogramm Körpergewicht etwa 0,8 Gramm Eiweiß. Für einen 60 Kilogramm schweren Menschen sind das 48 Gramm. 100 Gramm Rindfleisch enthält 20 Gramm Proteine, 100 Gramm Magerquark oder ein Ei etwa 13 Gramm. Aus 100 Gramm tierischem Eiweiß – egal ob aus Fleisch oder Milchprodukten – bildet der Körper bis zu 100 Gramm menschliches Eiweiß.

Das Fazit lautet also: Keine Bange. Wer kein Fleisch, aber regelmäßig Eier oder Milchprodukte isst, muss an seiner Ernährung

nichts ändern. Das gilt auch für die Versorgung mit dem wichtigen Vitamin B_{12}. Wer jedoch als **Veganer** Eier und Milch meidet, muss Vitamin B_{12} über Vitaminpräparate zuführen. Proteine bezieht er unproblematisch aus Hülsenfrüchten wie Bohnen, Kichererbsen und Linsen. Aus 100 Gramm *pflanzlicher* Proteine bildet der Körper 60 Gramm menschliches Protein, also müssen Veganer mehr Hülsenfrüchte essen oder sie gut kombinieren, vorzugsweise mit Getreide und etwas Vitamin C (z.B. Zitro-nensaft). Damit sind sie sogar besser dran als Fleischesser, denn durch diese Kombination entsteht *höherwertiges Protein*! Auch Kerne und Nüsse enthalten viel Eiweiß, etwa 20 bis 25 Gramm pro 100 Gramm. Eine kleine Handvoll im Müsli oder über dem Salat – und der tägliche Bedarf ist gedeckt.

Und dann gibt es noch ganz **andere Beweggründe**, sich vegetarisch zu ernähren: Fleisch wird von immer mehr Wissenschaftlern für immer mehr Erkrankungen verantwortlich gemacht; dagegen werden ständig neue gesunde Inhaltsstoffe in Gemüse und Obst entdeckt. Ganz zu schweigen davon, dass wir beim Fleisch aus dem Supermarkt nie wissen können, ob es frei von Antibiotika oder mittlerweile gar antibiotikaresistenten Keimen ist, wie letztens eine erschreckende Studie zeigte.

Die meisten Vegetarier entscheiden sich für ovo-lacto-vegetarische Kost, essen also weder Fleisch noch Fisch, aber Milchprodukte und Eier. Darüber hinaus kann man über die Hälfte der Bundesbürger mittlerweile *Flexitarier* nennen, da sie *weitgehend* auf Fleisch verzichten. Und sie werden immer mehr, da inzwischen viele Langzeitstudien untermauern, **dass eine vegetarische Ernährungsweise tatsächlich viel gesünder als eine Fleischmischkost ist**.

Last but not least wechseln die meisten gar nicht aus Gesundheitsgründen, sondern weil ihnen lecker zubereitetes Gemüse und Obst einfach **besser schmeckt**!

Zu diesem Trend wollen wir mit diesem Buch beitragen. **Die Rezepte sind meist auf Single- oder 2-Personen-Haushalte ausgerichtet, können aber für Familien leicht verdoppelt werden. Fast alle sind in weniger als 30 Minuten zubereitet**, reine Koch- und Backzeiten nicht eingerechnet (denn in denen können wir ja etwas anderes tun – mit den Kindern spielen, mit dem Partner plaudern oder einfach entspannen). Für aufwändigere Gerichte an Festtagen wie Weihnachten, Neujahr oder Ostern braucht man natürlich etwas länger.

Ich wünsche guten Appetit!
Carola Ruff

Fakten, Fakten – und Genuss

„5 am Tag“ raten uns Ernährungswissenschaftler seit Jahren. Sie meinen damit, dass wir am Tag fünf Portionen, also drei Handvoll Gemüse und zwei Handvoll Obst essen sollen. Das genügt, um uns ausreichend mit Vitaminen, Spurenelementen und anderen wichtigen Nährstoffen zu versorgen. Aktuell wünschen sich Experten, dass es sogar mehr sein darf: bis zu 800 Gramm. Doch welches Gemüse und welches Obst ist gut für welchen Aspekt unserer Gesundheit?

für Herz und Gefäße:
Avocados, Bananen, Kartoffeln, Knoblauch, Kiwis, Roggen, Walnüsse, Zwiebeln, aber auch Rapsöl und dunkle Schokolade

für das Immunsystem:
Chicorée, Haselnüsse, Lauch, Tofu und Weizenkleie, vor allem aber Ingwer

für Gehirn und Nerven:
Butter, Erbsen, Hafer, Kürbiskerne, Mangold und Weintrauben, frisch oder getrocknet als Rosinen

für Blut und Zellen:
Brokkoli, Brom- und Himbeeren, Champignons, Granatäpfel, Leinöl, Orangen, Rotkohl, Sonnenblumenkerne, Spinat und Weizenkeimöl

für Magen und Darm:
Äpfel und Leinsamen

für unser wertvollstes Entgiftungsorgan, die Leber:
Bitteres wie z. B. Grapefruits, Chicorée, Endivien-, Frisée- und Radicchio-Salat, Radieschen und Rettich (die Blätter sind übrigens fast noch wertvoller als das Gemüse selbst)

für Blase und Nieren:
Brunnenkresse

für Knochen und Gelenke:
Grünkohl, Pilze und Sesam

für die Haut:
Aprikosen, Cashewkerne, Erdbeeren, Kürbis, Linsen, Möhren, Petersilie und Traubenkernöl

Lebenswichtige Nährstoffe:
Ballaststoffe, Eisen, Folsäure, Kalium, Kalzium, Proteine, Zink und die Vitamine A, B_1, B_2, B_3, B_6, B_{12}, C und D

Welche Lebensmittel erhalten die meisten der lebenswichtigen Nährstoffe in einer 100-Gramm-Portion? Laut einer Studie der William Paterson University in New Jersey/USA sind diese 41 Lebensmittel besonders gesund (geordnet nach Rang/Wertigkeit, beginnend beim 1. Platz):

Brunnenkresse | Chinakohl | Mangold | Rote Bete, Blattgrün | Spinat | Chicorée | Blattsalat | Petersilie Romana-Salat | Blattkohl | Mairübchen | Rübstiel/Rapa | Endivie | Schnittlauch | Grünkohl | Löwenzahn Rote Paprika | Rucola | Brokkoli | Kürbis | Rosenkohl | Lauchzwiebel | Kohlrabi | Blumenkohl | Weißkohl Karotte/Möhre | Tomate | Zitrone | Eisbergsalat | Erdbeere | Radieschen | Winterkürbis | Orange | Limette Grapefruit, pink | Kohlrübe | Mairübchen | Brombeere | Porree/Lauch Süßkartoffel | Grapefruit, weiß

Unerwartet ist **Brunnenkresse** der Sieger mit 100 Punkten. (Damit ist die Echte Brunnenkresse gemeint, die nur im Bio-Laden angeboten wird bzw. am Ufer sauberer Gewässer wächst. Wer einen Teich im Garten hat, kann sie leicht aus Samen ziehen. Neben ihrem gesundheitlichen Nutzen wertet sie Salate und Suppen geschmacklich und optisch wunderbar auf.)
Obst taucht erst auf den hinteren Plätzen auf, dagegen kam Blattgemüse auf die vorderen Ränge, wobei Rübstiel/Rübsen nur im Rheinland und in Italien, wo er Rapa heißt, angeboten wird. Zum Glück ist er aber mit dem Pak Choi (chinesischer Blätterkohl) verwandt, der überall erhältlich ist und fast genauso viele wertvolle Stoffe enthält. Auch Salate und Salatkräuter sowie acht Kohlsorten schnitten gut ab: Köche in Zeitnot freuen sich über Gemüsesorten wie Chicorée, Lauch und Hokkaido-Kürbis. Sie sind schnell geputzt und der Kürbis kann sogar mit Schale gekocht und gegessen werden. Auch die von Kindern bevorzugten Möhren sind dabei.

Natürlich haben es auch einige Gemüsesorten nicht ins Ranking geschafft, wie zum Beispiel Spargel und Kartoffeln. Trotzdem sollen und müssen auch diese Gemüsesorten mit in unseren Speiseplan. **Denn wir wollen ja den Genuss nicht vergessen!**

Küchen-ABC: Tipps, Ratschläge und Anleitungen

Um möglichst viele Rezepte präsentieren zu können, sind hier im Küchen-ABC Tipps, Ratschläge und viele regelmäßig wiederkehrende Anleitungen z.B. zum Putzen und Vorbereiten zusammengefasst. Also unbedingt lesen!

Einkauf

Bio oder konventionell ist kaum mehr eine Frage des Geldbeutels. Meist ist der Preisunterschied nur gering. Bei **Äpfeln**, **Paprika** und **Weintrauben** sollte man **immer** zu Bio greifen. Sie waren in der Vergangenheit am stärksten mit Pestiziden belastet.

Verarbeitung

Das **Blattgrün** der meisten Gemüsesorten ist laut Wissenschaftler wertvoller als die dazugehörige Frucht. Daher Möhren- und Fenchelgrün, die Blätter von Kohlrabi, Radieschen und Rettichen nicht wegwerfen, sondern klein gehackt im Salat essen, im Smoothie pürieren oder als Suppengewürz trocknen.

Hinweise zu den Rezepten

Mit **Brühe** ist immer Gemüsebrühe gemeint, egal ob aus frischem oder TK-Gemüse (Möhren, Sellerie, Lauch und Petersilie), egal ob selbst gekocht oder aus Pulver/Würfeln. Ein Teelöffel **Chia-Samen** gibt zusätzliche Proteine.

Couscous ist grob gemahlener Weizengrieß, den man zu Salat, Suppe und als Beilage essen kann. Er ist schnell und einfach zubereitet. Couscous in eine Schüssel geben, mit der gleichen Menge heißem Wasser oder Brühe übergießen, **10 Minuten** quellen lassen, bis die Flüssigkeit aufgesaugt ist. Vor dem Servieren Öl oder Butter zufügen und mit der Gabel auflockern.

Gemüse grillt man am besten in Schalen, da man das Grillgut darin auch besser wenden kann.

Gewürze: Als Gemüse-Gewürz eignen sich **Gomasio** (Pulver) und **Tahin** (Mus) besonders gut. Sie sind würzig, aber nicht scharf. Beide bestehen aus geröstetem Sesam mit

Meersalz. Wer es schärfer mag, greift zu **Harissa** und **Ras Hanout**. **Cumin** (Kreuzkümmel) ist nicht mit unserem Kümmel verwandt, schmeckt ganz anders und unterstreicht den Eigengeschmack von Gemüse. **Knoblauch** ist für die Gemüseküche zweifelsfrei ein wichtiger Geschmacksverstärker. Der Nachteil ist allerdings der unvermeidliche „Knofi-Geruch". Wer berufstätig ist, beschränkt Knoblauch am besten auf die Wochenendküche und weicht auf **Bärlauch** aus (entweder die frischen Blätter oder 1 TL als Paste/Pesto). Auch anderes grünes Pesto schmeckt gut und hinterlässt keine Geruchsspuren.

In den Rezepten wird Knoblauch nicht erwähnt. Doch überall dort, wo Zwiebeln enthalten sind, können je nach Vorliebe noch 1 bis 4 Knoblauchzehen zugegeben werden.

Kerne und Nüsse werden in allen Rezepten ohne Fett kurz geröstet. So schmecken sie intensiver. Wer es eilig hat, verwendet sie ohne Rösten.

Küchenfertig heißt, dass Gemüse/Obst seiner Art entsprechend vorbereitet, also gewaschen, geschält etc. ist. Da dies selbstverständlich ist, wird es in den Rezepten nicht erwähnt. Im Einzelnen bedeutet es:

Äpfel schälen, entkernen und nach Rezept vierteln oder in feine Scheiben schneiden. **Avocados** halbieren, Kern und Schale entfernen. Wer einen sehr starken Mixer hat, kann den Kern in Smoothies mitpürieren. Nach neuesten Forschungen steckt er voll wertvoller Nährstoffe. **Chicorée** nur waschen und abtropfen lassen, evtl. den kurzen Stiel abschneiden oder längs halbieren. **Chilischoten** waschen, längs aufschneiden, Kerne entfernen und die Schote in feinste Streifen schneiden. Achtung: sehr scharf, am besten mit Einweghandschuhen arbeiten. **Erdbeeren** in warmem Wasser waschen, mit Küchenpapier trockentupfen, das Grün entfernen. **Frühlingszwiebeln** waschen, den härteren Teils des Grüns abschneiden, evtl. alles Grüne für einen Smoothie verwenden und nur das Weiße zu feinen Röllchen schneiden. Die Schale des **Granatapfels** anschneiden, als ob man einen Apfel viertelt, dann über einer Schüssel mit Druck auseinanderbrechen. Fruchtkerne, die hängen bleiben, mit den Fingern herauslösen. Dabei vorsichtig hantieren, der Saft hinterlässt hässliche Flecken (am besten Einweghandschuhe verwenden). **Kräuter** waschen, trockenschütteln oder mit Küchenpa-

pier trockentupfen und fein hacken. **Grapefruit**, **Mandarinen** und **Orangen** so schälen, dass die weiße, bittere Haut entfernt wird, vorsichtig aus den Trennhäuten herausschneiden. Heraustropfenden Saft auffangen, entweder im Dressing verwerten oder gleich trinken. **Kartoffeln** je nach Rezept schälen, in Salzwasser kochen oder mit Schale als Pellkartoffeln kochen und lauwarm pellen. Für Kartoffelsalat eignen sich am besten festkochende Sorten. Beim **Kohl** die harten Stellen am Boden/Strunk wegschneiden, vierteln, dann meist mit Gurkenhobel oder Brotschneidemaschine in feine Streifen schneiden. **Kürbis** schälen und mit wenig Wasser garen. **Mango** halbieren, entsteinen bzw. das Fruchtfleisch vom Kern abschneiden und würfeln. **Möhren/Karotten** je nach Alter schälen oder mit der Gemüsebürste grob abrubbeln. **Pak Choi**, der zarte Blattkohl, muss kaum geputzt werden und ist in wenigen Minuten gar. **Paprika**: Stängel abschneiden, Kerne und innere Ränder entfernen, in feine Streifen schneiden. **Pilze** nicht waschen, sie saugen sich voll und werden beim Braten nicht knusprig. Nur mit einer weichen Bürste/Pinsel Tannennadeln und Erde abbürsten. **Rote Bete** als Rohkost reiben oder in der Schale kochen, abgekühlt pellen. Achtung: die Knollen geben roh und gekocht viel Farbe ab, am besten Einweghandschuhe tragen und auf das Brett ein Stück Backpapier legen. Bei **Tomaten** immer den grünen Stängelansatz entfernen. Werden im Rezept Tomaten gekocht, kann man mit gutem Gewissen auch zu Tomaten aus der Dose greifen. Sie wurden meist in Mittelmeerländern vollreif geerntet und verpackt, so dass sie viel besser schmecken als frische Tomaten, die bei uns nie genug Sonne erhalten. Eigentlich soll man **Salatgurken** und **Zucchini** schälen, da in den Schalen Reste von schädlichen Pflanzenschutzmitteln enthalten sein können. Wissenschaftler haben aber entdeckt, dass wenn sie damit gespritzt wurden, diese auch unter der Schale vorhanden sind. Daher am besten Bio-Ware nehmen. Da ist man auf der sicheren Seite und muss auch nicht schälen! Will man sie füllen, die Kerne bzw. das weiche Innere mit einem Löffel entfernen. Wird der Gurkensalat erst später gegessen, die Scheiben leicht salzen, entstehende Flüssigkeit vor dem Mischen abgießen. **Weißen Spargel** waschen, von oben nach unten schälen und das meist holzige Ende abschneiden. **Grüner Spargel** muss nicht geschält werden. **Spinat** waschen, welke Blätter und evtl. noch vorhandene Wurzeln abschneiden, gut abtropfen lassen. Öl oder Butter in einem Topf erhitzen, Spinat (auch TK-Ware) zugeben und zusammenfallen lassen.

Mundgerecht bedeutet, dass Gemüse/Obst so zerkleinert ist, dass man es ohne weiteres Schneiden in den Mund stecken kann.

Die gesündesten **Öle** sind nach Ansicht von Experten: **1. Leinöl**, **2. Hanföl**, **3. Rapsöl**, **4. Olivenöl**, **5. Sonnenblumenöl**, **6. Kokosöl** – natürlich nur, wenn der Grundstoff Bio-Qualität besaß. Öle aus Avocado, Kürbiskern, Macadamia, Mandel, Pekannuss, Sesam und Walnuss bringen zu ihrem gesundheitlichen Nutzen noch einen interessanten Geschmack mit. Das gilt auch für Traubenkern- und Weizenkeimöl. Für die Salate empfehle ich natives Olivenöl, zum Braten Sonnenblumenöl.

Parmesan, frisch gerieben oder in groben Flocken, hat sich bei italienischen Rezepten eingebürgert. Andere Hartkäse-Sorten schmecken aber auch gut und besonders Kindern meist viel besser. **Tiefkühlgemüse**, bei dem es sich *nur* um das Gemüse, ohne Gewürze, Sauce oder Beilagen, handelt, empfiehlt sich nicht nur für die schnelle Küche. Da es vor Ort direkt nach der Ernte eingefroren wurde, enthält es meist mehr Vitamine etc. als „frisches" Gemüse, das oft quer durch Europa gefahren wurde.

Stäbchen-Probe bedeutet, dass man mit einem Holzstäbchen in Kuchen/Brot sticht, um zu sehen, ob es gar ist. Bleibt kein Teig am Stäbchen hängen, ist das Gebäck fertig.

To go heißt „zum Mitnehmen". Eine Hälfte des Gerichts isst man abends oder morgens und den Rest im Schraubglas später oder am nächsten Tag bei der Arbeit.

Topping heißt alles, was über ein Gericht gestreut wird, also Nüsse, Kerne oder Croûtons, aber auch Weizenkeime oder -kleie, Leinsamen, Rosinen oder andere getrocknete Beeren und Früchte.

Gerichte im Ofen: Wird in einem Rezept keine spezielle Backart angegeben, ist immer **Umluft** gemeint.

Rezepte

Gesund den Tag beginnen – Müsli, grüne Smoothies, Brötchen/Brot, Brotaufstriche, Dips

Overnight Oats: das neue Trend-Müsli, das gern auch abends gegessen wird

Overnight Oats – Grundrezept

Basis:

100 g Haferflocken (gibt es auch glutenfrei)

350 ml Milch oder Pflanzenmilch

1 TL Zitronensaft

2 TL Chia- oder Leinsamen

frisch gemahlen, 1 Msp. Zimt

Topping:

Bananenscheiben, Heidelbeeren, Kirschen etc. (auch getrocknet), 1 fein geriebene Möhre, grob gehackte Nüsse oder Samen, 1 TL Weizenkeime oder -kleie, 1 TL Nussmus nach Geschmack

Basiszutaten mischen, über Nacht kühl stellen. Morgens mit einem oder mehreren Toppings nach Wahl mischen.

Die zweite Portion bleibt im Kühlschrank aber auch für den nächsten Morgen frisch.

Brötchen für Frühstück und Abendbrot/ Brotaufstriche, die auch als Dip schmecken

Blätter-Brötchen

für 8 Portionen

50 g Blätter z. B. von Kohlrabi, Radieschen; oder Kräuter wie Basilikum, Löwenzahn etc.

50 g getrocknete Tomaten in Öl, gut abgetropft, alles grob gehackt

375 g Mehl, 2 EL Backpulver

1/2 TL Salz, 150 g Hüttenkäse

150 ml Milch

1 EL geriebener Hartkäse

Ofen auf **170 °C** vorheizen. Blätter und Tomaten gut mischen. Mehl, Backpulver und Salz mischen, mit Hüttenkäse und Blätter-Mix verrühren. Von der Milch 1 EL beiseite stellen. Restliche Milch in den Teig gießen, alles gut verkneten. 8 Brötchen formen, mit der restlichen Milch bestreichen und mit dem geriebenen Käse bestreuen. Etwa **35 Minuten** backen.

Eiweiß-Superbrot

2 EL Honig

1 Pck. Trockenhefe

200 g Kichererbsenmehl

100 g Amaranthmehl

150 g Maisstärke

1 TL Johannisbrotkernmehl

2 TL Salz

3 Eier, 3 EL Öl

je 2 EL Chia-Samen, Leinsamen, Sonnenblumen- und Kürbiskerne

1 EL Sesam zum Bestreuen

Ofen auf **190 °C** vorheizen. In einer Schüssel den Honig in 350 ml warmem Wasser auflösen, Trockenhefe einrühren. **10 Minuten** stehen lassen. Mehle, Stärke, Johannisbrotkernmehl und Salz zugeben, Eier mit Öl verquirlen und alles mit den restlichen Zutaten gut verkneten.
Teig in eine etwa 28 x 13 cm große Kastenform füllen, mit Sesam bestreuen. Brot etwa **45 Minuten** backen. Wenn es gar ist – Stäbchenprobe –, vorsichtig aus der Form nehmen, auf einem Kuchengitter abkühlen lassen. Mit einem Sägemesser anschneiden.

Die meisten **Brotaufstriche** und **Dips** sind in wenigen Minuten zubereitet. Nüsse sollten mindestens **2 Stunden**, besser über Nacht eingeweicht werden. Die Brotaufstriche/Dips bleiben im Kühlschrank **3 bis 4 Tage** frisch, schmecken auf allen Arten von Brot und Brötchen, Pfannkuchen und Crêpes, aber auch als Dip für Gemüsesticks, Chips und Nachos. Die süßen schmecken außerdem gut auf Zwieback und Knäckebrot und sind eine gute Unterlage für Beeren auf Obsttörtchen.

Cashew-Avocado-Creme (süß oder herzhaft)

Basis:

2 Avocados

100 g Cashewkerne

2 TL Zitronensaft

a) zusätzlich 2 EL Rosinen oder 2 Datteln, auch eingeweicht
b) zusätzlich 1 Knoblauchzehe, 1 TL Pesto (s. S. 33), Salz, Pfeffer

Alles jeweils zu einer feinen Creme pürieren.

Tomaten-Creme

5 getrocknete Tomaten

200 g Schafs- oder Ziegenkäse

5 entsteinte schwarze Oliven

1 EL Tomatenmark

5 Stängel Basilikum

Öl, Pfeffer, Salz

evtl. 1 Chilischote

Getrocknete Tomaten in heißem Wasser einweichen, bis sie weich sind, Einweichwasser abgießen. Alle Zutaten im Mixer mit so viel Öl pürieren, bis die Masse cremig ist. Wer es scharf mag, nimmt die Chilischote dazu. Die Creme hält sich im Schraubglas im Kühlschrank etwa **14 Tage**.

Sauerampfer-Hummus

100 g Sauerampfer, grob gehackt

250 g Kichererbsen (Dose)

4 EL Tahin

2 EL griechischer Joghurt

2 EL Zitronensaft, 4 EL Öl

Pfeffer, Salz, 1 EL Sesam

Alle Zutaten ohne Sesam fein pürieren, mit Sesam bestreut servieren.

Hummus (Kichererbsencreme)

250 g Kichererbsen, selbst gekocht oder aus der Dose, Kochwasser zurückbehalten

2 Knoblauchzehen

1 TL Pesto/Paste (s. S. 33), Salz

1 EL Öl, 2 – 3 TL Zitronensaft

2 EL Tahin

je 1 TL Cumin, Paprikapulver, edelsüß und scharf

Abgetropfte Kichererbsen mit restlichen Zutaten pürieren. Ist die Masse zu fest, mit etwas Kochwasser zu einer cremigen Masse verrühren.

Hummus könnte man auch aus getrockneten Kichererbsen selber machen. Die Mühe lohnt meines Erachtens nicht, denn nach **24 Stunden** Einweichen und **45 Minuten** Kochen bleibt der Geschmack gleich.

Luftiger Lauch-Frischkäse

500 g Magerquark

je 175 g süße und saure Sahne

4 Knoblauchzehen, fein gehackt oder 2 EL Bärlauchpesto (s. S. 33)

Salz

1 Stange Lauch/Porree, in feinen Streifen

Süße Sahne steif schlagen. Quark mit saurer Sahne verrühren, Lauch und Knoblauch/Pesto unterrühren, steife Sahne unterheben. Salzen und zwar so, dass es fast versalzen schmeckt. Die Masse in ein feines Sieb geben, dieses in eine Schüssel hängen und **1 bis 2 Tage** kalt stellen. Die Flüssigkeit, die sich in der Schüssel sammelt, abgießen und entweder trinken oder in einem Dressing verwenden. Der Frischkäse hält sich im Kühlschrank bis zu **4 Tage**.

Radieschen-Dip

je 1 Bund Radieschen und Koriander

4 EL Cashew- oder Pinienkerne

50 g geriebener Ziegenkäse

4 Stängel Oregano

Öl, Pfeffer, Salz

Radieschen würfeln, Koriander grob hacken und mit den restlichen Zutaten und so viel Öl pürieren, dass eine geschmeidige Creme entsteht. Radieschenwürfel unterrühren.

Aus Avocado-Kernen kann man eine hübsche Zimmerpflanze ziehen. Einfach den Kern bis zur Hälfte in einen Blumentopf mit Gartenerde stecken und regelmäßig gießen. Ist der Trieb etwa 20 cm hoch, die obersten kleinen Blättchen abknipsen, so wächst das Bäumchen buschiger.

Avocado-Kräutercreme

1 Avocado, 1 TL Zitronensaft

2 EL Sahne

2 EL frische gehackte Kräuter z. B. Schnittlauch, Zitronenmelisse, Petersilie, Kerbel etc.

1 Msp. Schabzigerklee

Fruchtfleisch mit einer Gabel zerdrücken und mit den restlichen Zutaten vermischen.

Tzaziki (Gurken-Joghurt)

für 6 Portionen

1 Salatgurke, Salz

300 g griechischer Joghurt

3 EL Öl

Blätter von 3 Oreganozweigen

Gurke evtl. schälen und würfeln. Restliche Zutaten verrühren und mit den Gurkenwürfeln mischen. Schmeckt gut zu Gemüsebratlingen (s. S. 71), aber auch auf Landbrot, zu Pell-/Bratkartoffeln oder Pommes.

Auberginencreme

Blättchen von 1 Stängel Rosmarin

3 EL Öl

1 Aubergine (ca. 400 g)

100 g griechischer Joghurt

Pfeffer, Salz

2 TL Zitronensaft

Ofen auf **160 °C** vorheizen, Backblech mit Backpapier auslegen, Rosmarinblättchen mit Öl mischen und auf dem Backpapier verstreichen, Aubergine längs halbieren, mit der Schnittfläche in das Öl legen. Etwa **40 Minuten** backen. Abgekühlt das Fruchtfleisch mit einem Löffel aus der Schale schaben. Mit den restlichen Zutaten pürieren und herzhaft abschmecken.

Schmeckt gut auf Bauernbrot, zu Gemüsebuletten wie z. B. die Zucchini-Puffer (s. S. 50.), aber auch zu gegrilltem oder frittiertem Gemüse.

Grüne Smoothies (auch für alle, die morgens keinen Bissen runterkriegen)

Sie sind keine Durstlöscher, sondern kleine, gesunde und vor allem schnelle Mahlzeiten. Mit ihnen kann man aber auch Gemüse-Verweigerern (meist Kinder, aber auch Männer!) Gemüse untermogeln.

Smoothies, die weniger Flüssigkeit enthalten und eher gelöffelt als getrunken werden, heißen **Smoothie-Bowls**. Im Sommer sind sie ideale Mittagsmahlzeiten; im Winter können sie auch leicht erwärmt werden. **Achtung:** Viele Mixer starten nicht ohne Flüssigkeit, daher mit einer halben Tasse Wasser anfangen, dann restliche Zutaten hinzugeben und nur nach und nach so viel Wasser zufügen, bis die gewünschte Konsistenz erreicht ist. Alle Rezepte schmecken sowohl als Smoothie wie auch als Bowl.

Grundrezept

Alle Zutaten gewaschen und je nach Art geschält, entsteint und/oder grob zerkleinert mit der Flüssigkeit nach Wahl im Mixer fein pürieren. Soll der Smoothie etwas süßer sein, 1 bis 2 Datteln mitpürieren. Gefrorene Früchte oder Bananen machen den Smoothie cremiger. Nach Möglichkeit sofort trinken, im Kühlschrank bleibt er in einer Flasche oder im Schraubglas auch **ein paar Stunden** frisch. Vor dem Genuss noch einmal umrühren bzw. gut schütteln.

Die Inhaltsstoffe (jeweils für 2 Portionen) mixt man am besten im Verhältnis 3:2:1 in einem starken Mixer:

3 Teile Grünzeug wie Blattsalat (Feld-, Kopf-, Rucolasalat), Fenchel, Kohl (Grün-, Rosenkohl, Wirsing), Mangold, Spinat (frisch oder TK), Wildkräuter (Brennnessel, Brunnenkresse, Löwenzahn, Minze, Petersilie, Sauerampfer) und Blattgrün von Fenchel, Möhren, Radieschen, Rettich

2 Teile Flüssigkeit wie Milch, grüner Tee, Kokoswasser, Orangensaft, Pflanzenmilch (Hafer-, Mandel-, Reismilch etc.) Wasser, Joghurt oder Gemüsekochwasser

1 Teil Obst, wahlweise 1 Handvoll Apfel, Banane, Beeren (Blau-, Erd-, Himbeeren etc.), Birne, Kiwi, Mango, Pflaume, Südfrüchte (Grapefruit, Mandarinen, Orangen etc.), Steinobst (Aprikose, Pfirsich, Nektarine etc.), Trauben
Flüssigkeit und Obst können im Sommer auch gefroren sein.

Was kann noch hinein? 1/2 Avocado, 1 kleine Handvoll Nüsse, Samen wie Chia, Kürbis- und Sonnenblumenkerne, Sesam, 1 bis 2 Datteln, maximal 1 EL Mandel- oder Erdnussmus

Was kann, *sollte* aber *nicht* rein? Zucker, Honig, Agaven- oder Ahornsirup

Alle Zutaten pürieren, siehe auch Grundrezept Seite 24.

Rote-Bete-Blätter-Trauben-Smoothie

Blätter von 1 Rote Bete

1 Birne, 1 Banane, 150 g Weintrauben

Wasser

Löwenzahn-Petersilie-Smoothie

je 100 g Löwenzahn, Petersilie und Heidelbeeren

1 Birne, Wasser

Exotischer Möhrengrün-Smoothie

1 Handvoll Spinat, Wildkräuter oder 2 – 3 Salatblätter

Grün von 3 Möhren

1 Mandarine, 1/2 Mango, 1/2 Banane

1 TL Leinöl, Wasser

Grüne Sommer-Bowl

1 kleine Handvoll Sellerieblätter, 1/2 Gurke

1 Möhre, 1 Tomate, 2 Salatblätter

Salz, Pfeffer

1 TL Lein- oder Hanföl, Wasser

Tomaten-Bowl

1 Handvoll reife Tomaten, möglichst aus dem Garten

1 kleine Bratpaprika, 1 Stückchen Fenchel

1/2 Stange Sellerie, 1 Karotte, 1 EL Hefeflocken

1 TL Limettensaft, 1 TL Öl, Wasser

Kräuter-Bowl

1 Handvoll Wildkräuter (z. B. Löwenzahn, Giersch)

1 Apfel, 1 Birne, 1 EL Mandelmus

1 EL Zitronensaft, frisch gepresst, Wasser

Saucen, Pesto und Dressings

Alle Saucen reichen für **4 Personen**, wenn es neben Reis/Nudeln/Kartoffelbrei noch ein Gemüse gibt, sonst nur für **2 Personen**.
Zutaten gut verrühren, ggf. mit dem Stabmixer, je nach gewünschter Konsistenz.

French Dressing

- *4 EL griechischer Joghurt*
- *1 – 2 EL Essig, 1 EL Öl*
- *1/2 TL Salz, 1 TL Zucker*
- *1 TL Senf, Kräutersalz, Pfeffer*
- *evtl. 1 EL gehackte Kräuter, nach Geschmack*

Passt gut zu Rohkostsalaten aus Kohl oder Möhren, Gurken- und Blattsalat, besonders zu Schichtsalaten.

Italian Dressing

- *3 EL Rotweinessig, 5 EL Öl*
- *1 TL körniger Senf, 1 TL Zucker*
- *je 2 Stängel Oregano und Basilikum*

Passt gut zu Rucola- und Tomatensalat.

Thousand Islands Dressing

1/2 rote Paprika, 1 Frühlingszwiebel, 1 Gewürzgurke, alles fein gewürfelt

100 g Salatmayonnaise

50 g Joghurt

3 EL Tomatenketchup

3 EL Weißweinessig

1 TL Worcestershire Sauce

Pfeffer, Salz

Passt gut zu allen Blattsalaten, besonders wenn Avocados dabei sind.

Linsen-Bolognese

75 g rote Linsen, 1 Zwiebel
1 Möhre, 50 g Knollensellerie
alles fein gewürfelt

1 EL Öl

1 Pck. passierte Tomaten (etwa 400 g)

50 ml roter Traubensaft oder Rotwein

1/8 l Brühe, 1 EL Tomatenmark

1 TL getrockneter Oregano

Salz, Pfeffer

Früher galt der Ratschlag, Hülsenfrüchte ohne Salz zu kochen, da sie dann hart bleiben würden oder länger bräuchten, um gar zu werden. Dies gilt heute nicht mehr, da in der Regel das Wasser nicht mehr so kalkhaltig ist wie früher.

Linsen **10 Minuten** in Wasser kochen, gut abtropfen lassen. Inzwischen Gemüse in Öl dünsten, mit Tomaten ablöschen, einkochen lassen. Jetzt Saft oder Wein, Brühe, Tomatenmark und Gewürze zugeben und alles ca. **15 Minuten** lang zu einer dicklichen Sauce einkochen. Gut abgetropfte Linsen zugeben, nachwürzen und zu Spaghetti, anderen Nudeln oder Reis servieren.

Als eine der wenigen Gemüsesorten haben **Tomaten** beim Erhitzen keinen Vitamin-Verlust. Dabei reduziert sich nämlich der Wassergehalt der Früchte so stark, dass der Anteil an Lycopin höher ist als in rohen: So enthalten 100 g Tomatenpüree jetzt rund 22 mg Lycopin, die gleiche Menge roher Tomaten nur rund 3 mg. Dies ist bemerkenswert, da das Lycopin in Tomaten antioxidativ wirkt, es baut also aggressive Sauerstoffverbindungen ab und verringert damit das Risiko für Herz-Kreislauf-Erkrankungen. Da ist der hohe Vitamin C- und Vitamin E-Gehalt fast schon nebensächlich.

Pilzsauce

6 Austernseitlinge oder 12 Champignons, in feinen Scheiben

4 EL Sesam, 2 EL Öl

100 ml Brühe, 1 TL Kurkuma

Salz, 2 EL Mehl

Pilze mit Sesam im Öl **3 Minuten** leicht dünsten; mit Brühe ablöschen, würzen. Mehl einrühren, weiter köcheln lassen, bis die Pilze gar sind. Zu Nudeln, Reis oder Kartoffelpüree servieren.

Kräuter-Erbsen-Salsa

1 Zwiebel, 1 Bund Kerbel, beides fein gehackt

2 EL Öl, 300 g TK-Erbsen

Pfeffer, Muskat

75 g Macadamianüsse, grob gehackt

3 EL Nussöl, Saft von 1 Zitrone

1 Frühlingszwiebel, in feinen Ringen

Zwiebel in Öl dünsten, mit 3 EL Wasser und Erbsen ablöschen. Etwa **6 Minuten** dünsten. Restliche Zutaten mischen. Schmeckt gut zu Kartoffelpüree oder Reis.

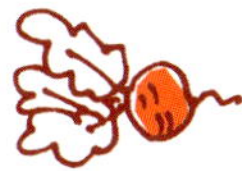

Salsa verde

100 g Brunnenkresse, ersatzweise 2 Schalen Kresse-Sprossen

1/2 Bund Petersilie und
1/2 Bund Minze, klein gehackt

2 EL Kapern, klein gehackt

1 EL Bärlauchpaste oder
2 Knoblauchzehen

3 EL Zitronensaft,
frisch gepresst

1 EL scharfer Senf, 300 ml Öl

Pfeffer, Salz

Kräuter mit restlichen Zutaten gut verrühren, herzhaft würzen. Schmeckt gut zu hellem Gemüse wie Blumenkohl, Mairübchen und Kohlrabi.

Sauce Hollandaise, einfach und schnell

150 g Butter, 2 Eigelb

je 1 EL Zitronensaft

1 EL Crème fraîche

je 1 Prise Salz und Zucker

Butter zerlassen. Übrige Zutaten mit dem Pürierstab in einem hohen Gefäß verquirlen. Während der Pürierstab läuft, Butter langsam in das Gefäß laufen lassen. Abschmecken und servieren.

Variante: Deftigeres Gemüse wie Brokkoli oder Blumenkohl schmeckt am besten mit **Sauce Béarnaise**. Dafür der Hollandaise jeweils 1 TL frischen oder getrockneten Estragon und körnigen Senf zufügen.

Grüne Frankfurter Sauce (Grie Soß)

1 Bund gemischte Kräuter für Grüne Sauce (Borretsch, Kerbel, Kresse, Petersilie, Pimpinelle, Sauerampfer und Schnittlauch)

300 g griechischer Joghurt (10 % Fett)

150 g Mayonnaise

6 EL Sahne

1 Prise Zucker

1 EL Zitronensaft, Salz

Stiele der Kräuter und restliche Zutaten fein pürieren. Gehackte Blätter zugeben, abschmecken.

Wer nicht gerade Mitglied im „Verein zur Rettung der Frankfurter Grie Soß" ist, kann natürlich auch andere grüne Kräuter nehmen, wenn er die Original-Zutaten im Garten oder auf dem Markt nicht findet.

Rhabarber-Relish

1 Zwiebel, gewürfelt

1 kg Rhabarber

300 ml Apfelessig

1 Zimtstange, 4 Sternanis

50 g Ingwer, in Scheiben

100 g Cranberrys, getrocknet

Saft von 1 Orange

1 Prise Curry

400 g Rohrzucker, Salz

Zwiebel mit allen Zutaten, bis auf Zucker und Salz, in einem großen Topf ohne Deckel aufkochen, **10 Minuten** bei kleiner Hitze köcheln lassen. Zucker zugeben und bei kleiner Hitze so lange köcheln lassen, bis die Masse dicklich, ähnlich wie Apfelmus, ist (ca. **30 Minuten**). Würzen und in Schraubgläser füllen, auf den Kopf stellen. Schmeckt gut zu Gemüsebratlingen, Bratkartoffeln oder einfach zu „nacktem" Reis.

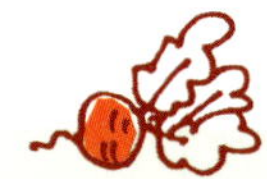

Rhabarber ist eigentlich ein Gemüse, dessen Blattstiele (ohne Blätter) gekocht als Obst verzehrt werden. Rhabarber stammt aus China und ist erst seit 160 Jahren in Deutschland bekannt. Die süßsauren Stangen enthalten Apfel-, Zitronensäure, viel Vitamin C, Calcium, Eisen, Kalium, Magnesium und den Ballaststoff Pektin. Allerdings auch Oxalsäure, die Nierenkranke meiden sollten.

Rhabarber gibt es nur von April bis Juni. Da er für seine Entwicklung im Winter Frost braucht, kann er nicht wie anderes Obst aus warmen Ländern importiert werden.

Er lässt sich gut einfrieren. Dazu die Stangen schälen, in 5 cm große Stücke schneiden, flach ausgebreitet einfrieren, in Beutel packen. Später gefroren, nicht aufgetaut, verwenden.

Pesto

Eignet sich zum Würzen von Salat,
aber auch als Sauce zu Nudeln, Reis oder Couscous.

Grundrezept

Alle Zutaten zusammen mit so viel Öl pürieren, dass die Pestomasse nicht zu flüssig, aber auch nicht bröckelig wird, herzhaft würzen. In kleine Gläser füllen, oben mit Öl abdecken, mit dichten Deckeln verschließen. Entweder im Kühlschrank aufbewahren oder einfrieren.

Ohne Käse wird aus dem Pesto **Paste**. Diese ist genauso schmackhaft und viel länger haltbar. Käse kann man dem Gericht ja später zufügen. Nach beiden Rezepten kann man auch Pesto/Paste aus Löwenzahn und anderen essbaren grünen Blättern, sogar Salat, und mit anderen Nüssen zubereiten.

Bärlauch-Pesto

100 g Bärlauch, 70 g Pinienkerne

40 g Hartkäse, ca. 60 ml Öl, 1/2 TL Salz

Spinat-Pesto

125 g Spinat, 1 Knoblauchzehe, 2 TL Kapern

50 g Hartkäse, frisch gerieben

50 g Haselnüsse

ca. 100 ml Öl, Pfeffer, Salz

Buddha Bowls und Salate, die satt machen

Buddha Bowls sind kleine, meist *sättigende* Salatgerichte, die besonders appetitanregend in einer hübschen Schüssel serviert werden. Der Name stammt vom engl. *bowl* (Schüssel) und *Buddha* soll wohl auf den gemütlich runden Buddha-Bauch hinweisen. Die ideale Zusammenstellung besteht aus 20 Prozent Kohlenhydraten (Vollkornnudeln, Reis oder Süßkartoffeln), 10 Prozent gesunden Fetten (Avocado, Nüsse, Saaten), 30 Prozent Proteinen (Amaranth, Hülsenfrüchte, Quinoa) und 40 Prozent Gemüse (Möhren, Paprika, Tomaten etc.).

Jeder Salat, der außer „Grünzeug" auch eine „Sättigungsbeilage" enthält, darf sich also **Buddha Bowl** nennen.

Buddha Bowl mit Pak Choi

- *75 g Basmati-Reis, Salz, 2 EL Öl*
- *1 Zwiebel, 5 cm Ingwer, beides fein gehackt*
- *300 g Pak Choi, in Streifen*
- *300 ml Brühe*
- *2 EL Erdnussbutter*
- *Salz, Pfeffer*
- *25 g grob gehackte Erdnüsse*

Reis nach Packungsangabe in Salzwasser garen. Öl erhitzen, Zwiebel und Ingwer darin dünsten, Pak Choi zugeben und **5 Minuten** braten. Mit Brühe ablöschen, Erdnussbutter unterrühren, würzen. Abgetropften Reis in zwei Schüsseln verteilen, darauf den Pak Choi geben, mit Nüssen bestreut sofort servieren.

Die meisten Couscous-Sorten sind in der Körnung etwas grober als Grieß, deshalb sollte man sie mit der Küchenwaage abwiegen. Wer keine hat und den Messbecher nehmen muss, nimmt etwas mehr Couscous als die Grieß-Skala anzeigt. Doch keine Sorge, anders als bei Biskuitteigen, wo man grammgenau arbeiten sollte, muss man es beim Kochen nicht ganz so genau nehmen. Auf ein paar Gramm mehr oder weniger kommt es nicht an.

Couscous-Salat

für 4 Portionen

- *250 ml Brühe, 250 g Couscous*
- *1 EL Tomatenmark*
- *je 1 rote und gelbe Paprikaschote, mundgerecht*
- *1 Bund Frühlingszwiebeln*
- *2 EL Balsamico, 3 EL Öl*
- *1 EL Currypaste, 1 EL Sojasauce*
- *Pfeffer, Salz*
- *Chilipulver, Cumin, Zucker*
- *1/2 Bund glatte Petersilie*

Brühe aufkochen, Couscous hineingeben und leicht quellen lassen. Restliche Zutaten ohne Gemüse vermengen und in das Couscous rühren. Gemüse unterheben, herzhaft würzen, **10 Minuten** ziehen lassen. Mit Petersilie bestreut servieren. Schmeckt auch mit Fenchel, Karotten, Kohlrabi, Mairübchen, Zucchini.

Salat mit gebratenen Kartoffeln

für 4 Portionen

- *1 kg kleine Kartoffeln (Drillinge)*
- *125 ml Öl, 1 kleine, rote Zwiebel*
- *25 g schwarze Oliven*
- *2 EL Kapern*
- *6 getrocknete Tomaten in Öl*
- *1 Bund Petersilie, fein gehackt*
- *1 EL Balsamico, Pfeffer, Salz*

Ofen auf **180 °C** vorheizen. Gewaschene Kartoffeln in einer Auflaufform mit 2 EL Öl und Salz bestreut etwa **25 bis 30 Minuten** backen. Ab und zu wenden. Noch warm pellen. Tomaten gut abgetropft hacken und mit den übrigen Zutaten in einer Schüssel mit den noch warmen Kartoffeln mischen und herzhaft würzen. Warm oder kalt servieren.

Leichte Salate oder Bowls, die mit Brot oder Suppe satt machen

Indischer Rote-Bete-Salat

350 g gekochte Rote Bete (Fertigprodukt)

1 TL Kokosblütensirup

1 TL Salz, 1 EL Kokosraspseln

1 EL fein gehackter Koriander

Gewürzsauce:

1 TL Senfsamen

1/4 TL Kurkuma

1/4 TL Chilipulver

2 EL Erdnussöl

Für die Sauce Senfsamen ohne Fett rösten. Wenn sie anfangen zu springen, restliche Gewürze zugeben, dann alles mit dem Öl mischen. Von der Roten Bete die Haut abrubbeln. Grob geraspelt mit den übrigen Zutaten vermischen und mit der Gewürzsauce abschmecken.
Wer es mag, rührt noch etwas Zitronensaft oder Balsamico unter.

Blattsalat mit Frischkäsekugeln

Salat:

1 rote Grapefruit

2 Tomaten ohne Kerngehäuse

400 g Blattsalat, z. B. Babyspinat, Eichblattsalat

Frischkäsekugeln:

je 50 g Frisch- und Hüttenkäse, beides gut abgetropft

1 Bund Basilikum, klein gehackt,

Pfeffer, Salz

Dressing:

1 EL Balsamico, 1 EL Öl

abgetropfter Grapefruitsaft

Pfeffer, Salz, 1 Prise Zucker

Grapefruit filetieren, Saft für das Dressing auffangen. Tomaten in schmale Streifen schneiden, mit Blattsalat und Grapefruitfilets mischen, auf 2 Tellern anrichten. Dressingzutaten verrühren, über den Salat gießen. Frisch- und Hüttenkäse mit dem Basilikum und den Gewürzen mischen, herzhaft würzen. Mit zwei Löffeln zu kleinen Kugeln formen und auf dem Salat verteilen.

Wer küchenfertigen Blattsalat-Mischungen aus dem Supermarkt bisher eher kritisch gegenüber stand, kann ruhig zugreifen. Bei einer Kontrolle durch ein unabhängiges Labor zeigte sich, dass alle Salatmischungen, auch die der Discounter, sogar noch am letzten Haltbarkeitsdatum einwandfrei und von bester Qualität waren. Eine große Erleichterung für berufstätige Menschen.

Herz mit Sprossen

Salat:

1 Salatherz, in Streifen

1 Bund Schnittlauch

100 g Sprossen, z. B. von Mungbohnen oder Rettich

1/2 Avocado, 100 g Kirschtomaten, beides in feinen Scheiben

Dressing:

1 EL Zitronensaft

2 EL griechischer Joghurt

Pfeffer, Salz

Salat mischen, auf 2 Tellern anrichten, Dressingzutaten verrühren, über den Salat träufeln.

Radieschen-Salat

6 EL Öl, Pfeffer, Salz

2 Bund Radieschen

250 g Schnittkäse, z. B. Maas- oder Leerdamer, alles in feinen Streifen

Alles gut mischen, zu Laugenbrezeln servieren.

Bunter Salat

für 4 Portionen

1 Chicorée, 1 Radicchio

150 g Feldsalat

1 Granatapfel, 1 Orange

2 EL entsteinte schwarze Oliven, halbiert

Dressing:

4 EL Ahornsirup

2 EL Zitronensaft

2 TL süßer Senf

6 EL Öl, 1 Prise Zimt

Chicorée und Radicchio vierteln und in feine Streifen schneiden. Vom Feldsalat die Würzelchen abschneiden. Granatapfel halbieren. Eine Hälfte entsaften, aus der anderen die Kerne herausdrücken. Orange schälen und aus den Filets schneiden, Saft auffangen. Alles auf einer Platte oder 4 Tellern hübsch anrichten. Säfte mit den Dressingzutaten gründlich mischen, es sollte dickflüssig sein. Dressing über den Salat träufeln. Mit Baguette servieren.

Vorsicht vor Granatapfelflecken. Am besten mit Einweghandschuhen arbeiten oder in einer Wasserschüssel ausdrücken.

Couscous-Salat mit Erdbeeren und Zuckerschoten

für 4 Portionen

125 g Couscous, 1/8 l Brühe

200 g Prinzessbohnen

100 g Zuckerschoten

100 TK-Erbsen, 150 g Erdbeeren

2 EL Öl, 2 EL Zitronensaft

1 Bund Koriander

2 Stiele Minze, fein gehackt

Pfeffer, Salz

Couscous mit der Brühe zubereiten. Bohnen in mundgerechte Stücke schneiden und **10 Minuten** in Salzwasser kochen, Zuckerschoten und TK-Erbsen zugeben, in **2 bis 3 Minuten** bissfest garen. Erdbeeren vierteln. Gemüse untermischen, Öl und Zitronensaft unterrühren, würzen. Zuletzt Erdbeeren und Kräuter untermischen und servieren.

Melonensalat (Foto S. 41)

für 4 Portionen

Salat:

50 g Pinienkerne

1/2 Wassermelone

125 g Rucola

1/2 Bund Basilikum, 150 g Feta

Dressing:

Saft von 1/2 Zitrone, 8 EL Öl

2 EL Ahornsirup, Pfeffer, Salz

Wassermelone in 2 cm große Würfel schneiden, Basilikum und Rucola grob hacken. Salatzutaten ohne Feta gut vermischen. Dressing verrühren, über den Salat geben, Feta darüber krümeln und sofort servieren.

Variante: Noch reichhaltiger und bunter wird der Salat mit Kirschtomaten, Oliven und Salatgurke.

Festliche Salate

Blattsalat mit Ziegenkäsetoast und Honig

pro Person:

- *1 Rolle Ziegenkäse*
- *2 Scheiben Toastbrot*
- *1 TL Butter*
- *1/2 Eichblattsalat oder Radicchio, mundgerecht*
- *1 Tomate, in schmalen Streifen*

Dressing:

- *2 – 3 EL türkischer Joghurt*
- *Pfeffer, Salz, weißer Balsamico*
- *heller, leichtflüssiger Honig*

Ofen auf **160 °C** vorheizen. Toastbrot leicht toasten, evtl. Ränder abschneiden, mit Butter bestreichen, in jeweils 4 Quadrate schneiden, Ziegenkäse in 8 Scheiben schneiden, auf den Toaststücken auf einem Teller mit breitem Rand gleichmäßig verteilen. Für ca. **4 bis 5 Minuten** in den Ofen schieben, bis der Käse warm wird, aber nicht zerläuft. Aus den Dressingzutaten eine würzige, leicht süßsaure Sauce zubereiten, mit dem Salat vermischen. Salat in der Mitte des Tellers anrichten, Toaststücke darum verteilen, den Käse mit etwas Honig beträufeln. Evtl. vorhandene Brotränder gewürfelt als Croûtons über den Salat streuen.

Herbstsalat mit Kürbis, Birnen und Käse

für 4 Portionen

2 reife Birnen, 1 TL Rohrzucker

150 g Kürbisfruchtfleisch

1 EL Butter, Salz, Pfeffer

1 Prise Muskat

200 g Blattsalat, z. B. Feld-, Eichblatt, Lollo- oder Frisee-Salat etc., mundgerecht

10 grob gehackte Walnüsse

Dressing:

3 EL weißer Balsamico

300 g Blauschimmelkäse oder Feta

7 EL Nussöl, Pfeffer, Salz

1 Prise Zucker

Birnen schälen, vierteln, Kerngehäuse entfernen, in dicke Scheiben schneiden. Zucker in einer Pfanne karamellisieren, Birnenscheiben darin schwenken. Kürbis in kleine Stücke schneiden, in einer Pfanne mit Butter kurz anbraten und garen. Mit Salz, Muskat und Pfeffer würzen.

Dressingzutaten zu einer dicken Sauce verrühren. Salat mit Birne und Kürbis auf 4 großen Tellern anrichten, Dressing über den Salat geben. **10 Minuten** ziehen lassen. Mit Nüssen bestreut servieren.

Orientalischer Spinatsalat

für 4 Portionen

2 EL Öl, 1 Gemüsezwiebel

350 g Blattspinat oder Feldsalat

100 g Mandelblättchen

1 Granatapfel, Pfeffer, Salz

Dressing:

200 g griechischer Joghurt

Saft von 1/2 Zitrone

1 Prise Harissa

Öl erhitzen, Zwiebelwürfel und Spinat **1 Minute** anbraten, würzen. 2 EL Wasser zugeben, zugedeckt **5 Minuten** dünsten. Auf einer schönen Servierplatte mit Mandeln und Granatapfelkernen gemischt anrichten. Dressingzutaten verrühren, herzhaft würzen und über den Salat gießen. Zu Weißbrot oder Couscous servieren.

Schneller Spargelsalat

für 4 Portionen

1 kg grüner Spargel

Salz, Zucker

300 g bunte Kirschtomaten

Dressing:

Blättchen von 2 Stängeln Oregano

3 EL Olivenöl, 3 EL Balsamico

Pfeffer

Spargel schräg in 5 cm lange Stücke schneiden. In kochendem Salzwasser mit 1 Prise Zucker **6 bis 8 Minuten** kochen. Kalt abschrecken. Kirschtomaten halbieren.

Dressingzutaten zu einer süß-würzigen Sauce verrühren, mit Spargel und Tomaten vermischen, zu Baguette servieren.

Panzanella mit grünem Spargel (italienischer Brotsalat)

100 g Ciabatta, in hauchdünnen Scheiben

1 – 2 EL Öl

2 Blätter frischer Bärlauch, in feinen Streifen

250 g Kirschtomaten, halbiert

250 g grüner Spargel, in 5 cm langen Stücken

50 g Hartkäse, mit dem Sparschäler fein gehobelt

Dressing:

2 – 3 EL Balsamico, 6 EL Öl

Pfeffer, Salz, 1 Prise Zucker

4 Stiele Basilikum oder 3 Blatt Bärlauch, in feinen Streifen

Brotscheiben leicht toasten, mit Öl bestreichen, mit Bärlauch belegen, würfeln. Spargel entweder in Salzwasser in **3 bis 4 Minuten** bissfest garen oder in heißem Öl anbraten. Mit kaltem Wasser abschrecken bzw. abkühlen lassen. Aus den Dressingzutaten (und dem Öl aus der Pfanne) eine würzige Sauce zubereiten. Tomaten und Spargel unterrühren und ziehen lassen. Gewürfeltes Brot in den Salat geben. Mit Hartkäse bestreut servieren.

Variante: Außerhalb der Spargelsaison schmeckt der Brotsalat auch mit anderem gekochten Gemüse, gut abgetropften Hülsenfrüchten aus der Dose, z.B. Kichererbsen, Kidneybohnen, Mais oder statt des Brotes Nudeln oder Reis.

Snacks, Leckeres für Brunch und Picknick sowie Leichtes zum Abendessen

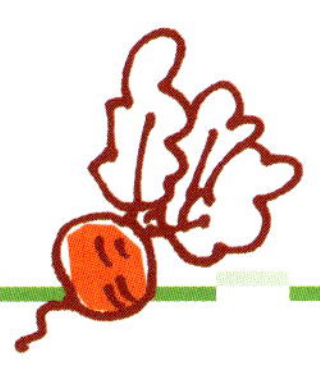

Pikante Zucchini-Röllchen

für ca. 10 bis 15 Stück

4 Zucchini

4 EL Avocadocreme oder Hummus (s. S. 19)

300 g Feta, 2 – 3 EL Öl

Pfeffer, Salz, 1 Bund Rucola

Zucchini in 3 mm dicke, flache Scheiben schneiden, auf dem Grill oder in der trockenen Grillpfanne von beiden Seiten **1 Minute** grillen/braten. Abgekühlt nebeneinander auf eine Platte legen. Dünn mit einer der beiden Cremes bestreichen, Käse in daumendicke Stifte schneiden, mit Öl beträufeln und würzen. Zucchinischeiben mit Rucolablättern und einem Käsestick belegen und aufrollen. Fertige Röllchen mit einem Zahnstocher feststecken.

Eingelegte Zucchini-Röllchen

4 kleinere Zucchini
300 g Mozzarellakugeln oder Fetawürfel, gut abgetropft
1/2 Bund Basilikum
Blättchen von 2 Zweigen Oregano
1 Lorbeerblatt
4 Knoblauchzehen, geschält, halbiert
1 kleine Chilischote, küchenfertig
Pfefferkörner
1 EL Zitronensaft, 300 ml Öl

Zucchini mit Schale längs mit dem Sparschäler in dünne Scheiben schneiden. Auf jede Scheibe eine Mozzarellakugel oder Fetawürfel legen und aufwickeln. Die Röllchen dicht an dicht in ein großes Einmachglas (500 g) schichten. Über jede Schicht Kräuterblätter, Pfefferkörner, Chili und Knoblauch streuen und mit Zitronensaft beträufeln. Mit so viel Öl übergießen, dass die Röllchen komplett bedeckt sind. Etwa **2 Tage** im Kühlschrank ziehen lassen.

Überbackene Kakis auf Rucola

2 reife, aber nicht weiche Kakis
Blättchen von 4 Thymianzweigen
2 EL Öl, Pfeffer, Salz
Salat:
Blätter von 1 Bund Rucola
1 TL Limettensaft, Pfeffer, Salz
2 – 3 EL Mandelblättchen

Ofen auf **220 °C** vorheizen. Kakis wie eine Orange in etwa 10 bis 12 Spalten schneiden, mit restlichen Zutaten mischen, in einer Auflaufform etwa **10 Minuten** backen. Inzwischen Rucolasalat anmachen, auf 2 Tellern anrichten, Früchte darauf mit Mandelblättchen bestreut servieren. Als Vorspeise für 4 Personen oder mit Risotto oder Couscous als Hauptgericht für 2 Personen.

Möhrenpommes mit Tomatensalsa

für 4 Portionen

Salsa:

- *1 Zwiebel, fein gewürfelt*
- *3 EL Sonnenblumenöl*
- *3 TL Zucker, 2 EL Apfelessig*
- *1 Dose gehackte Tomaten (400 ml)*

Pommes:

- *je 400 g Möhren und Steckrüben, in dicken Stiften*
- *Salz, 1 TL Paprikapulver*

Ofen auf **175 °C** Ober- und Unterhitze vorheizen. Zwiebelwürfel in 1 EL Öl andünsten, mit Zucker bestreuen, karamellisieren lassen. Mit Essig ablöschen, Tomaten zugeben und etwa **10 Minuten** köcheln lassen. Durch ein Sieb streichen und abkühlen lassen. Backblech mit Backpapier belegen, Gemüsepommes auf dem Papier ausbreiten. Würzen und mit dem restlichen Öl beträufeln. Etwa **30 Minuten** backen. Mit der Salsa servieren.

Gurkenhäppchen

Füllung:

- *je 1 rote und gelbe Paprika, 1 rote Zwiebel*
- *50 g schwarze Oliven*
- *2 EL Öl, Pfeffer, Salz*
- *2 EL heller Balsamico*

Häppchen:

- *2 dicke Salatgurken*
- *125 g Schafskäse, gewürfelt*

Füllungszutaten klein würfeln, gut mischen, herzhaft würzen. Salatgurken schälen und in 4 cm dicke Scheiben schneiden, mit einem Löffel so weit aushöhlen, dass noch ein Boden stehen bleibt, würzen. Schafskäse mit der Füllung mischen und in die Gurken füllen.

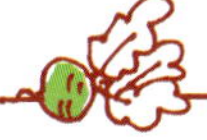

Mit der Füllung kann man auch Zucchini, ausgehöhlte Tomaten und Paprikaviertel füllen.

Ratatouille-Blechkuchen

für ca. 12 Stück

Teig:

- *400 g Mehl, 150 g kalte Butter*
- *2 TL Salz, 150 ml kaltes Wasser*
- *1 TL Öl für das Blech*

Belag 1:

- *je 1 gelbe und rote Paprika*
- *je 1 Aubergine, Zucchini und Gemüsezwiebel*
- *150 ml Öl, Pfeffer, Salz*

Belag 2:

- *125 g Frischkäse*
- *125 Sahnejoghurt*
- *2 EL Blätter von Oregano, Rosmarin oder Thymian*
- *Pfeffer, Salz*
- *250 g Kirschtomaten, halbiert*
- *200 g Ziegenfrischkäse (Rolle, in feinen Scheiben)*

Ofen auf **200 °C** vorheizen. Teigzutaten verkneten, auf einem gefetteten Backblech ausrollen, kleinen Rand bilden, **15 Minuten** kalt stellen, mit einer Gabel den Boden mehrfach einstechen, **15 Minuten** vorbacken. Herausnehmen, Backofengrill auf höchste Stufe stellen.

Belag-1-Zutaten in mundgerechte Stücke schneiden, auf einem zweiten gefetteten Backblech ausbreiten und grillen, bis alles leicht gebräunt ist, umdrehen und auf der anderen Seite ebenfalls bräunen, herzhaft würzen. Ofen wieder auf **200 °C** Umluft einstellen. Gemüsemix auf dem Teig verteilen, **15 Minuten** backen.

Die ersten drei Zutaten aus Belag 2 mischen und auf der Gemüsemischung verteilen, darüber die Tomaten verteilen und zuletzt den Käse und nochmals ca. **15 Minuten** backen, bis der Käse goldgelb geschmolzen ist. Den Gemüse-Kuchen am besten heiß servieren.

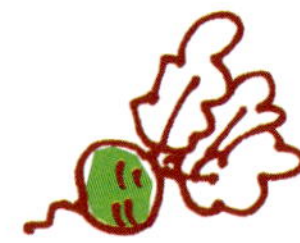

Tomaten-Quiche

250 g Mehl, Salz
3 EL Rosmarinnadeln, fein gehackt
125 g Butter, 4 Eier
175 ml Milch, 200 g Sahne
Pfeffer, Muskat, Thymian
250 g Kirsch-Tomaten, halbiert
200 g Schafskäse, grob gehackt
1/2 Bund Basilikum, in feinen Streifen

Ofen auf **190 °C** Ober- und Unterhitze vorheizen. Mehl, Salz und Rosmarin mischen. Butter in Stückchen und 1 Ei zugeben und zu einem glatten Teig verkneten. Eine gefettete Springform (Ø 28 cm) mit dem Teig auslegen, 5 cm hohen Rand ziehen, mit einer Gabel den Boden mehrfach einstechen, kalt stellen.

In einer Schüssel Milch, Sahne und 3 Eier verquirlen, herzhaft würzen. Tomaten mit der Schnittfläche nach oben auf dem Boden verteilen. Basilikumstreifen und Käse darauf verteilen. Eier-Mix darüber gießen. Etwa **40 bis 50 Minuten** backen, bis die Oberfläche goldbraun ist.

Spinat-Muffins

für ca. 12 Stück

500 g Blattspinat (TK), 2 Eier
60 ml Öl, 250 ml Milch
Pfeffer, Muskat
200 g Feta, fein gewürfelt

Teig:
250 g Mehl, 2 TL Backpulver
1 TL Salz

Ofen auf **200 °C** vorheizen. Ein 12er-Muffinblech fetten oder mit Papierförmchen auskleiden. TK-Spinat auftauen, gut ausdrücken, um überschüssiges Wasser zu entfernen. Eier mit Öl und Milch verquirlen, Spinat zugeben, würzen. Teigzutaten mischen und löffelweise in den Spinatmix geben. Zuletzt Feta vorsichtig unterheben. Masse in die Muffinformen füllen und **15 Minuten** backen.

Zucchini-Puffer

für ca. 15 Stück

200 g festkochende Kartoffeln

600 g Zucchini, Salz

1 – 2 Frühlingszwiebeln, 1 EL Öl

je 4 Stängel glatte Petersilie und Thymian, fein gehackt

je 100 g geriebener Hartkäse, grob zerbröselter Feta und Semmelbrösel

1 Ei, Pfeffer, Öl

Geschälte Kartoffeln in kochendem Salzwasser garen. Zucchini grob raspeln, salzen, etwa **1 Stunde** in einem Sieb abtropfen lassen. Inzwischen Kartoffeln abgießen, mit dem Kartoffelstampfer quetschen. Zucchini gut ausdrücken. Zwiebelringe in heißem Öl dünsten. Alles gut miteinander mischen, etwas flach drücken und die Puffer in zwei Pfannen goldbraun braten. Dazu schmeckt Gurkensalat und/oder Auberginencreme.

Aus der Masse fingerlange Würstchen formen, in heißem Öl von allen Seiten rundum braun braten. Als kalorienfreies „Brötchen" oder „Wrap" in ein Salatblatt z. B. von einem Salatherz hüllen.

Avocadoschnitzel

für ca. 8 Stück

70 g Paniermehl (am besten Panko-Mehl, Asialaden), alternativ grobe, etwas angetrocknete Brotkrumen

1 TL mildes Chilipulver

2 EL gemahlene Leinsamen

1 Ei, 2 Avocados, reif, aber nicht zu weich

Öl, Salz

Ofen auf 200 °C vorheizen, Backblech mit Backpapier belegen. Paniermehl mit Leinsamen und Chilipulver vermischen. In einer zweiten Schale Ei verquirlen. Avocados in längliche Scheiben schneiden. Zuerst im Ei, dann in der Würzmischung wälzen, bis die Brotkrumen gut haften. Panierte Avocado-Scheiben etwa 10 Minuten lang backen, bis sie außen schön knusprig sind. Zu einem säuerlichen Dip oder Joghurt servieren.

Tramezzini – Italienisches Sandwich

8 Scheiben Toastbrot

Füllung:

2 EL Butter

das Weiße von 2 Frühlingszwiebeln, in feinen Röllchen

4 TL Bärlauch-Pesto

Köpfe von 8 Champignons

4 reife, aber noch feste Tomaten

150 g Mozzarella

Blättchen von 2 Zweigen Rosmarin und 1 Bund Basilikum

Butter erhitzen, Zwiebeln und Pesto darin dünsten, Pilze zugeben. Inzwischen Kräuter fein hacken, Toastbrot auf flachen Tellern auslegen, jeweils vier Scheiben mit den Tomaten fächerartig belegen und würzen. Mit Basilikumblättern bestreuen und mit den Mozzarellascheiben belegen, darauf die geschnittenen Pilze verteilen, mit den übrigen Brotscheiben bedecken, leicht andrücken. Die Sandwiches in einem Sandwich-Maker goldbraun backen, herausnehmen und halbiert servieren.

Suppen und Eintöpfe, auch to go

Selbstgemachtes Gemüsebrühpulver

je 500 g Sellerie, Lauch, Möhren und Zwiebeln

1 Bund Petersilie,
1 Stängel Liebstöckel,
alles fein gehackt

Ofen auf **80 °C** vorheizen, alles auf 2 bis 3 Backblechen ausbreiten. **4 bis 5 Stunden** trocknen lassen. Dabei die Ofentür mit einem eingeklemmten Holzlöffel leicht geöffnet lassen. In der Nuss-/Kaffeemühle mit 3 EL Meersalz zu Pulver mahlen, in das fertige Pulver je nach Geschmack 1 bis 2 EL feines Salz mischen. Hält sich im Schraubglas etwa **3 Monate**. Zum Kochen mit heißem Wasser überbrühen.

An einem heißen Sommertag die Bleche in die Sonne stellen und abends im Ofen fertig trocknen.

Schnelles Erbsensüppchen

300 g Erbsen (TK)

1 kleine Salatgurke, geschält

Salz, 2 – 3 EL Frischkäse

evtl. 1/2 Chilischote

Erbsen in **5 Minuten** in Salzwasser kochen, Gurkenstücke zugeben, weitere **5 Minuten** kochen, pürieren, Frischkäse unterrühren und mit sehr fein gehackter Chilischote bestreut servieren. Die Suppe schmeckt im Sommer auch kalt und erhitzt wärmt sie im Winter, dann schmeckt sie besser ohne Gurke.

Endiviensuppe

400 g Kartoffeln, 1 Zwiebel, beides in Würfeln

2 EL Butter, 750 ml Brühe

150 ml Schlagsahne

1 Kopf Endiviensalat

1 TL Balsamico-Creme

Pfeffer, Salz

1 Handvoll grob gehackte Walnüsse

Kartoffeln und Zwiebel in Butter dünsten, mit Brühe ablöschen, **20 Minuten** bei mittlerer Hitze kochen. Sahne zugeben, weiter kochen. Salat klein schneiden. In die Suppe geben, **5 Minuten** mitkochen. Vom Herd nehmen, pürieren. Würzen. Mit Nüssen bestreut servieren.

Schmeckt auch mit anderen Salatsorten und ohne Kartoffeln, dann 2 bis 3 Salatköpfe nehmen. Wenn im Sommer alle Salatköpfe im Garten gleichzeitig reif werden, kann man auch „geschossenen" Salat nehmen, dabei den „Stiel" in Scheiben schneiden und statt Nüssen in die fertige Suppe geben.

Avocado-Limetten-Suppe

1 Bund Frühlingszwiebeln

1 EL Öl

1 1/2 Avocado, grob gewürfelt

Saft und abgeriebene Schale von 1/2 Bio-Limette

300 ml Gemüsebrühe

1 Stängel Koriander

Pfeffer, Salz

Das Weiße der Zwiebeln fein hacken und in Öl anbraten. Das Grüne in einem anderen Rezept oder für einen Smoothie verwenden. Avocadowürfel **1 Minute** mitdünsten, mit Limettensaft und Brühe ablöschen, **10 Minuten** kochen lassen, Suppe pürieren, würzen und mit gehackten Kräutern bestreuen.

Koriander kann auch durch Blatt-Petersilie oder Kerbel ersetzt werden.

Rote Gazpacho – kaltes Sommersüppchen

1 Scheibe helles Brot, ohne Rinde

500 g reife Tomaten

1 kleine Paprika

1 Stück Gurke, 2 EL Olivenöl

1 EL Balsamico, Pfeffer, Salz

1 Prise Zucker

1 – 2 EL Zitronensaft

evtl. 1 Stängel Koriander

Basilikum

Brot in kaltem Wasser einweichen, inzwischen Gemüse vorbereiten. Brot ausdrücken und mit restlichen Zutaten pürieren. Ist die Suppe zu fest, etwas Wasser zugeben. Ist sie zu dünn, noch ein Stück Brot darin pürieren. Kalt servieren.

Orientalische Linsensuppe

1 EL Öl, 1 Zwiebel, 1 Möhre, 2 Tomaten, alles fein gewürfelt

125 g rote Linsen

750 ml Gemüsebrühe

je 1/2 TL Kümmel, Paprikapulver und schwarzer Pfeffer

2 EL Tomatenmark, Salz

1 EL Zitronensaft

Zwiebel und Möhren im Öl anbraten, Tomaten und Linsen zugeben. Mit Brühe ablöschen, etwa **10 Minuten** kochen, bis die Linsen weich sind. Pürieren und abschmecken.

Variation: In der Türkei rührt man noch 150 g Sahnejoghurt in die nicht mehr kochende Suppe. Für Dhal, die indische Variante, die Hälfte der Brühe durch Kokosmilch (1 Dose) ersetzen und 2 fein gehackte Korianderstängel, 5 cm geschälten, fein gewürfelten Ingwer und 1 TL Curry bzw. Masala-Gewürz dazugeben.

Zucchinicremesuppe

1 Zwiebel, 1 Zucchini, beides gewürfelt

1 EL Öl, 400 ml Gemüsebrühe

Blätter von 2 Stängeln Basilikum

50 g Haselnuss-Blättchen

Pfeffer, Salz, Muskat

Zwiebel- und Zucchini-Würfel in Öl dünsten, mit Brühe ablöschen, bei kleiner Hitze etwa **20 Minuten** köcheln lassen. Pürieren, würzen, mit grob gehacktem Basilikum und Haselnuss-Blättchen bestreut servieren.

Grüne Gazpacho

1 Avocado, Saft von 1 Limette

1 Salatgurke, 250 ml Brühe

Pfeffer, Salz

evtl. 1 Stängel Koriander oder Basilikum

Alle Zutaten pürieren und kühl, aber nicht kalt servieren.

Festliche Kartoffelsuppe

(für 3 bis 4 Portionen ist es eine Vorsuppe, für 2 eine ordentliche Portion)

500 g mehlig kochende Kartoffeln, 1 Zwiebel, beides fein gewürfelt

1 EL Butter, 500 ml Gemüsebrühe

Pfeffer, Salz

1 TL Zitronensaft, 2 EL Trüffelöl

2 EL grob gehackte Walnüsse

Kartoffeln in Salzwasser etwa **30 Minuten** kochen, abgießen, etwas abkühlen lassen, Zwiebel in Butter dünsten, mit der Brühe ablöschen, zu den Kartoffeln geben, pürieren, würzen, das Öl unterziehen und mit Nüssen bestreut servieren.

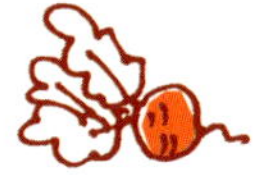

Zwiebelsuppe

150 g Kartoffeln, geschält, 400 g weiße Zwiebeln, beides gewürfelt

4 EL Öl, 1 EL Butter

100 ml Weißwein

200 ml süße Sahne

Pfeffer, Salz, Muskat

1 große Prise Estragon

2 Scheiben Bauernbrot, gewürfelt

50 g grob geriebener Bergkäse

1/2 Bund Schnittlauchröllchen

Kartoffeln und Zwiebeln in 2 EL Öl glasig dünsten. Mit dem Wein und 500 ml Wasser ablöschen, aufkochen, Sahne zugeben, würzen und bei kleiner Hitze etwa **15 bis 20 Minuten** köcheln lassen. Inzwischen die Brotwürfel in dem restlichen Öl knusprig braten. Suppe mit dem Pürierstab pürieren, würzen. Mit den Brotwürfeln, dem Käse und dem Schnittlauch bestreut servieren.

Zoodles aglio e olio – oder mit Sauce

3 Zucchini, 3 EL Öl

3 Knoblauchzehen, Pfeffer, Salz

Käsesauce:

2 EL geriebener Hartkäse

2 EL gehackte Kräuter, z. B. Oregano oder Rosmarin, oder 2 EL ital. Kräuter (TK)

3 EL Crème fraîche

Tomatensauce:

2 Tomaten, in Scheiben

je 2 EL Wasser, Tomatenmark und Frischkäse

Zucchini in dünne, lange Nudeln (Zoodles) schneiden. Öl in einer Pfanne erhitzen, Knoblauchscheibchen darin leicht andünsten, Temperatur herunterschalten, Zoodles zugeben, unter gelegentlichem Rühren etwa **10 Minuten** garen, bis sie gar, aber noch „al dente" sind, und würzen.
Wer Zoodles lieber mit Sauce isst, nimmt sie aus der Pfanne und rührt die restlichen Zutaten ins Bratenfett, lässt sie kurz warm werden und serviert sie zu den Zoodles.
Für eine Tomatensauce die 2 Tomaten mit den Zoodles garen. Weiter wie Käsesauce.

Zoodles nennt man dünne Gemüsestreifen aus Zucchini, Gurken, Möhren, Pastinaken etc. Sie werden entweder roh gegessen oder nur wenige Minuten lang in der Pfanne gegart. Das Wort kommt aus dem Englischen und ist ein Mix aus *Zucchini* und *Noodles* (Nudeln). Es gibt verschiedene einfache und elektrische Geräte, um die dünnen Nudeln schnell herzustellen. Für Möhren gibt es riesige „Spitzer", die weicheren Gemüse kann man auch mit Juliennehobel, Spiralschneider oder sogar mit dem Sparschäler in nudelartige Streifen schneiden.

Bärlauch-Risotto

das Weiße von 2 Frühlingszwiebeln, in feinen Röllchen

2 EL Butter, 175 g Risotto-Reis

75 ml weißer Traubensaft oder Weißwein

750 ml Brühe

250 g junge Erbsen

1/2 Bund Bärlauch, in feinen Streifen, ersatzweise 2 – 3 EL Bärlauch-Paste

2 EL Ziegenfrischkäse

2 EL geriebener Hartkäse

Frühlingszwiebel in 1 EL Butter dünsten, Reis zugeben, mit dünsten lassen, bis er glasig ist. Mit Saft/Wein ablöschen und einkochen lassen, dann mit Brühe unter ständigem Rühren zu Risotto kochen, dabei die Erbsen zugeben. Nach etwa **15 Minuten** bzw. wenn der Reis und die Erbsen gar sind, den Bärlauch zugeben. Ist der Reis gar und die Brühe aufgesogen, Käse und 1 EL Butter zugeben, evtl. nachwürzen. In Suppentellern oder Schalen servieren.

Statt mit Erbsen schmeckt das Risotto auch mit grünem Spargel.

Risotto mit Auberginen, Tomaten und Pinienkernen

für 4 Personen

200 g Aubergine, gewürfelt

Salz, 3 EL Öl

6 Tomaten, gewürfelt

1 l heiße Brühe, 2 EL Butter

1 EL Öl

1 Bund Frühlingszwiebeln, in feinen Röllchen

2 Knoblauchzehen, durchgedrückt, oder 2 TL Pesto

275 g Risotto-Reis

125 ml Weißwein

100 g Parmesan, frisch gerieben

50 g Pinienkerne

1 Bund Basilikum, grob gehackt

Pfeffer

Aubergine mit Salz bestreuen, **15 Minuten** stehen lassen, abspülen und mit Küchenpapier trockentupfen. 2 EL Öl erhitzen und die Auberginen darin goldbraun braten. Tomaten zugeben und weich dünsten. Mit etwas Brühe ablöschen, erhitzen und warm halten.

In einer anderen Pfanne 1 EL Öl und Butter erhitzen, Frühlingszwiebeln darin andünsten, Knoblauch oder Pesto zugeben, Reis zugeben und so lange mit einem Holzlöffel verrühren, bis alle Körner von Fett überzogen sind und glänzen. Mit Wein ablöschen, unter Rühren ca. **15 Minuten** köcheln lassen. Ist der Wein aufgesogen, etwas heiße Brühe zugeben. Immer wenn die Brühe aufgesogen ist, etwas mehr Brühe zugeben, bis der Reis weich ist (nochmals ca. **15 bis 20 Minuten**). Zuletzt den Auberginen-Tomaten-Mix und die restlichen Zutaten zugeben, würzen. Risotto vom Herd nehmen, Deckel auflegen und **2 bis 3 Minuten** ziehen lassen. In vorgewärmten Schüsseln servieren.

Gnocchi mit Brunnenkresse-Pesto

1 EL Öl, 2 EL Pinienkerne

100 g + 1 EL Brunnenkresse

40 g Hartkäse

1 kg Gnocchi (Fertigprodukt, Kühltheke)

250 g grüne Bohnen, in 5 cm langen Stücken

250 g Kirschtomaten, halbiert

Öl, 1 EL Pinienkerne und 100 g Brunnenkresse im Mixer zu einer dicken Creme mixen, geriebenen Käse unterrühren, vorsichtig salzen. Gnocchi in einer großen Pfanne mit Öl anbraten, gleichzeitig die Bohnen in Salzwasser kochen. Sind die Gnocchi goldbraun, mit Pesto, Bohnen und Tomaten mischen und ca. **10 Minuten** leicht anbraten. Vor dem Servieren gehackte Brunnenkresse und Pinienkerne unterheben.

Tagliatelle mit Spinat

für 4 Portionen

2 Zwiebeln, fein gewürfelt

2 EL Öl

500 g frischer Spinat (od. 450 g TK-Spinat)

200 g Feta, 500 g Bandnudeln

je 100 g süße und saure Sahne

4 reife Tomaten, geachtelt

Pfeffer, Salz, Muskat

2 EL Oregano, getrocknet

In einer großen Pfanne Zwiebeln im Öl dünsten, vorbereiteten Spinat zugeben. Nudelwasser aufsetzen. Feta über dem Spinat zerbröseln, gut verrühren. Während die Nudeln kochen, beide Sahnesorten in einer Pfanne erhitzen, unter Rühren in den Spinat geben. Tomaten zugeben, herzhaft würzen und auf kleiner Flamme ca. **5 Minuten** lang kochen lassen. Abgetropfte Nudeln in der Sauce verrühren, evtl. nachwürzen und servieren. Ist die Sauce zu fest, mit ein paar Löffeln Nudelwasser verrühren.

Schwäbische Käsespätzle

für 4 Personen

Teig:

- *1 EL Öl, 6 Eier, 500 g Mehl*
- *4 TL Salz*
- *75 – 100 ml Mineralwasser (je nach Größe der Eier)*

Außerdem:

- *4 Zwiebeln, in dünnen Scheiben*
- *1 Bund Schnittlauch, in Röllchen*
- *3 EL Butter*
- *250 g fein geriebener Käse, z. B. Bergkäse*

Öl, Eier, Mehl, Salz und Mineralwasser mit dem Knethaken zu einem zähflüssigen Teig vermischen. Inzwischen in einem großen Kochtopf Salzwasser erhitzen. Backofen auf **100 °C** vorheizen, darin in einer Auflaufform etwas Butter warm werden lassen. Den Teig löffelweise entweder durch eine Spätzlepresse in das kochende Wasser drücken oder den Teig von einem Frühstücksbrettchen mit dem Messer in das Wasser schaben. Wenn die Spätzle im Wasser hochsteigen, mit dem Schaumlöffel aus dem Wasser fischen und gut abgetropft in die angewärmte Form geben. Jede Portion mit 1 EL Käse bestreuen und warm halten. Immer wieder das Kochwasser etwas nachsalzen, da die Spätzle Salz schlucken. Ab und zu den Topfboden mit dem Löffel abkratzen, falls sich Spätzle dort festsetzen. Restliche Butter und Käse unterziehen. Käse in etwa **15 Minuten** schmelzen lassen. Zwiebeln in Öl dunkelbraun braten und über die Spätzle geben. Mit Schnittlauch bestreut servieren. Dazu einen einfachen grünen Salat servieren. Reste kann man im Backofen aufbacken.

Veggie-Lasagne

für 4 Portionen

1 Pck. Lasagneplatten

100 g geriebener Hartkäse

Pfeffer, Salz, Chili

Spinat-Mix:

1 Gemüsezwiebel, 1 EL Öl

2 Karotten, 250 g Champignons, alles in dünnen Scheiben

5 EL Milch oder Sahne

750 g TK-Rahm- oder Blattspinat

250 g Kräuterfrischkäse

1 – 2 EL Brühe

1 Knoblauchzehe oder
1 TL Pesto

Tomatensauce:

4 EL Butter, 1 EL Mehl

500 g stückige Tomaten (Dose/Tetrapack)

150 ml Sahne

Zwiebel im Öl anbraten, restliches Gemüse zugeben. Mit Milch/Sahne ablöschen, Spinat darin erhitzen, bis die Blätter nicht mehr gefroren sind und die Sauce leicht eingedickt ist. Frischkäse und Brühe zugeben und gut verrühren. **5 Minuten** köcheln lassen. Knoblauchzehe durch die Presse drücken und zugeben bzw. das Pesto unterrühren. Da Spinat beim Backen viel Salz schluckt, herzhaft mit Pfeffer, Salz und Chili würzen.

In einem zweiten Topf Butter zerlaufen lassen, Mehl unterrühren und zu einer glatten Masse verrühren. Unter Rühren Tomaten zugeben, dann Sahne zugeben und alles kurz aufkochen und ebenfalls herzhaft würzen.

Auflaufform erst mit der Tomatensauce und dann mit dem Spinat-Mix dünn bedecken und dann abwechselnd Lasagneplatten, Spinat-Mix und Tomatensauce schichten. Letzte Schicht ist Tomatensauce, dicht mit dem Käse bestreuen. Bei **180 °C** etwa **30 Minuten** backen. Ausschalten und noch **10 Minuten** im Backofen stehen lassen. So setzt sich die Lasagne und lässt sich besser schneiden und servieren.

Variation: 250 g Feta in feinen Scheiben mit einschichten.

Flammkuchen Elsässer Art

für 4 Portionen

Teig:

250 g Mehl, 1 EL Öl, 100 ml Wasser, 1 TL Salz

Belag:

250 g Crème fraîche mit Kräutern

150 g geriebener Hartkäse

2 rote Paprika, klein gewürfelt

1 Gemüsezwiebel, halbiert und dann in dünne Scheiben geschnitten

Backofen auf **250 °C** vorheizen. Teigzutaten zu einem glatten Teig verkneten, **30 Minuten** ruhen lassen. In vier gleichgroße Kugeln teilen und zu sehr dünnen, runden Teigplatten formen. Backbleche mit Backpapier auslegen, Teigplatten mit Crème fraîche bestreichen, dünn mit Käse bestreuen und dann mit Paprikawürfeln und Zwiebelscheiben belegen. Bei **250 °C** etwa **4 bis 5 Minuten** backen, bis die Flammkuchen leicht knusprig sind.

Der Boden wird knuspriger, wenn man ihn nicht auf dem Backblech bäckt, sondern eine große Teigplatte ausrollt und **10 bis 12 Minuten** nur auf dem Gitter bäckt.

Italienische Pizza

für 4 Portionen

Teig:

500 g Mehl, 300 ml Wasser

2 TL Salz, 5 g Hefe, 1 Pr. Zucker

Belag:

125 g stückige Tomaten (Dose) oder Pizzasauce (Glas)

Pfeffer, Salz, 1 Bund Basilikum

1 EL Oregano, Pfeffer, Salz

1 Pr. Zucker

150 g geriebener Käse nach Geschmack

Teigzutaten mit der Küchenmaschine/Brotbackautomaten (Stufe: Hefeteig) mindestens **20 Minuten** kneten lassen. Mit einem feuchten Tuch abgedeckt an einem warmen Ort **2 Stunden** ruhen lassen, bis er sich verdoppelt hat. In vier gleichgroße Kugeln formen, wieder abgedeckt noch **30 Minuten** gehen lassen. Backofen mit Backblech/Pizzastein auf **250 °C** vorheizen. Teig so dünn wie möglich ausrollen, auf Backpapier legen. Belagzutaten zusammen pürieren, nicht kochen, und gleichmäßig auf dem Teig auftragen. Dann mit dem Käse bestreuen und vorsichtig auf das heiße Blech/Pizzastein ziehen. **4 bis 5 Minuten** backen.

Amerikanische Gemüsepizza mit Käse-Rand

Teig:

- *je 200 g Dinkel- und Weizenmehl*
- *1/2 Würfel Hefe, 200 ml Milch*
- *je 1 Prise Zucker und Salz*

Belag:

- *125 g stückige Tomaten oder fertige Pizzasauce (Glas)*
- *100 g Mais, 50 g Champignons (Dose)*
- *1 reife, aber feste Tomate, 1 rote Zwiebel, alles in feinen Scheiben*
- *je 1/2 rote und grüne Paprika, in Würfelchen*
- *schwarze Oliven*
- *1 Handvoll gemischte Kräuter, z. B. Basilikum, Oregano, Thymian, klein geschnitten*
- *Pfeffer, Salz*
- *150 g Mozzarella zum Bestreuen*

für den Käserand:

- *je 100 g Mozzarella, Streichkäse (Gouda-Geschmack) und geriebener Hartkäse*

Backofen mit Backstein oder Backblech auf **220 °C** vorheizen. Teig wie bei Italienischer Pizza (s. S. 64) vorbereiten, so weit ausrollen, dass er etwa 5 cm über den Rand der Backform (28 cm) hinausragt. Für den Käserand die drei Käsesorten mischen und gut verteilt unter den Teigrand legen, Rand gut festdrücken, damit beim Backen kein Käse herausläuft. Boden mit verquirlten Tomaten oder Pizzasauce bestreichen, das vorbereitete Gemüse darauf verteilen, mit Mozzarella-Stückchen bestreuen und **30 Minuten** backen.

Schwäbischer Zwiebelkuchen

Teig:

250 g Mehl, 2 EL Butter

1/2 Würfel Hefe, 1 TL Zucker

1 TL Salz, 150 ml Milch

Belag:

500 g Zwiebel, fein gewürfelt

2 EL Butter, 1 EL Mehl

2 Eier, 100 ml süße Sahne

1 EL Kümmel

1 rote Paprika, klein gewürfelt

Teigzutaten in der Küchenmaschine/Brotbackautomaten (Stufe Hefeteig) **20 Minuten** kneten lassen. Mit einem feuchten Tuch abdecken und an einem warmen Platz gehen lassen. Hat sich der Teig verdoppelt, eine Springform (Ø 28 cm) mit dem Teig auslegen, einen kleinen Rand hochziehen. Nochmals warm stellen und gehen lassen. Inzwischen die Zwiebeln in der Butter unter ständigem Rühren glasig dünsten, sie dürfen nicht braun werden. Das Mehl unterrühren, die Masse abkühlen lassen. Eier mit den restlichen Zutaten verrühren und herzhaft würzen. Zuerst die Zwiebeln auf dem Teig verteilen, dann die Eier-Masse darauf streichen. Den Kuchen bei **200 °C 35 bis 45 Minuten** backen.

Doppelte Teig- und Belagmenge reichen für 1 Backblech. Wer Zeit sparen muss, kann den Teig am Vorabend vorbereiten, in Folie einwickeln, gewürfelte Zwiebeln in einer Plastikdose, beides im Kühlschrank lagern. Teig **2 Stunden** vor dem Backen aus dem Kühlschrank nehmen, dann weiter wie oben.

Überbackene Spinat-Pfannkuchen

für 4 Portionen

Pfannkuchenteig:

200 ml Milch, 100 g Mehl

3 Eier

Spinat-Füllung:

1 Zwiebel, fein gehackt, 2 EL Öl

200 g Spinat (frisch oder TK)

3 getrocknete, in Öl eingelegte Tomaten, in feinen Streifen

150 g Hüttenkäse

Pfeffer, Salz, 1 Prise Muskat

1 Bund Basilikum, klein geschnitten

Zum Überbacken:

500 ml Tomatensauce, Fertigprodukt oder selbstgemacht (s. S. 47, 62)

1 Kugel Mozzarella, klein geschnitten

Teigzutaten zu einem glatten Teig verquirlen, quellen lassen. Zwiebelwürfel in 1 EL Öl dünsten, Spinat zugeben, **5 Minuten** dünsten. 1 EL Öl erhitzen und Pfannkuchen backen. Füllungszutaten vermengen und mittig auf die Pfannkuchen legen, so zusammenklappen, das viereckige Päckchen entstehen. Hälfte der Tomatensauce in eine Auflaufform gießen, Päckchen mit der „Naht“ nach unten in die Sauce setzen, restliche Sauce darüber geben, **20 Minuten** backen. Mozzarella-Stückchen über dem Auflauf verteilen. Weitere **15 Minuten** backen bzw. bis der Mozzarella geschmolzen ist.

Spargel im Ofen

für 4 Portionen

1 – 1,5 kg Spargel, nicht zu dicke Stangen, am besten 1 – 1,5 cm dick

2 EL Butter

1 EL Zucker

Salz

Ofen auf **180 °C** vorheizen. Pro Portion 8 bis 10 geschälte Stangen mit 1/2 TL Zucker und einer Prise Salz bestreuen sowie mit etwas Butter bestreichen. Entweder jede Portion in einen Bratschlauch stecken oder aus Alufolie ein Päckchen falten, das nach oben etwas „Luft" hat. Folienpäckchen auf den Rost im Ofen legen und **40 bis 55 Minuten** garen. Der Spargel ist gar, wenn man ein Päckchen mit einem breiten Messer etwas hochhebt und der Spargel sich auf beiden Seiten leicht nach unten biegt. Grüner Spargel ist etwa **10 Minuten** früher gar.
Mit neuen Kartoffeln und zerlassener Butter, Grüner Sauce oder Sauce Hollandaise (s. S. 30, 31) servieren.

Für eine größere Portion Spargel (z. B. bei Besuch): Ofen auf **200 °C** vorheizen, Fettpfanne mit hohem Rand mit Butter einfetten, Spargel darin verteilen, wie oben mit Butter, Salz und Zucker vorbereiten. Fettpfanne mit Alufolie komplett dicht verschließen, **40 bis 55 Minuten** garen.

Gebratener Spargel

Öl

500 g grüner Spargel

100 g Kirschtomaten, halbiert

je 1 Prise Zucker und Meersalz

frischer Pfeffer

Balsamico

evtl. 1 Stück Hartkäse

In einer Pfanne Öl erhitzen, Spargel darin ca. **7 Minuten** lang rundum anbraten, Tomaten zugeben, Gemüse mit einer Prise Zucker bestreuen, noch einmal ca. **5 Minuten** mitbraten. Zuletzt etwas Balsamico darüber gießen. Alles zusammen auf einer Platte anrichten und mit frischem Pfeffer und Meersalz würzen. Wer will, kann Parmesan grob darüber hobeln. Eine Sauce ist nicht nötig. Zu Frühkartoffeln oder Landbrot servieren.

Zucchini-Frittata

1 Zwiebel, 2 kleine Zucchini (insges. ca. 450 – 500 g)

1 Bund Petersilie, 4 EL Öl

Pfeffer, Salz

5 Eier, 75 ml Milch

Zwiebelwürfel in Öl anbraten, Zucchinischeibchen zugeben. Restliche Zutaten verquirlen und über die Zucchini gießen, bei niedriger Temperatur stocken lassen. Vorsichtig wenden und auf der anderen Seite braten (insgesamt **10 bis 12 Minuten**). Dazu schmeckt ein einfacher Tomaten- oder Blattsalat.

Würziger wird es, wenn man noch etwas geriebenen Käse über die Zucchini in der Pfanne gibt.

Gefüllte Zucchini

für 4 bis 6 Portionen

200 g Reis, 2 EL Öl

2 Zwiebeln, fein gehackt

200 ml Brühe

500 ml passierte Tomaten

Pfeffer, Salz

8 Zucchini, halbiert

50 g Kerne, ohne Fett geröstet

150 g gemischte Antipasti (Fertigprodukt, Glas)

1 rote Paprika

5 Stängel Basilikum oder Petersilie

150 g Ziegenkäse, in dünnen Scheiben

2 EL Ahornsirup

Reis in 400 ml Salzwasser garen, bis das ganze Wasser aufgesogen ist. Öl erhitzen, Zwiebel andünsten, mit Brühe ablöschen. Tomaten zugeben, **5 Minuten** köcheln lassen, würzen. Beiseite stellen. Zucchini aushöhlen, Fruchtfleisch grob hacken. Antipasti würfeln. Gut abgetropften Reis mit Fruchtfleisch sowie Kräutern und Kernen mischen, würzen, die Zucchini-Hälften damit füllen. Tomatensauce in eine längliche Auflaufform füllen, Zucchinihälften hineinsetzen, mit Käsescheiben belegen und mit Sirup beträufeln. Je nach Dicke der Zucchini etwa **20 Minuten** bei **180 bis 200 °C** backen.

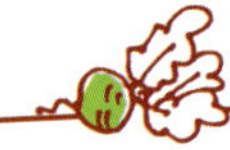

Mit dieser Füllung können auch Fleischtomaten, Gemüsezwiebeln, Kohlrabi und Schmorgurken gefüllt werden. Kohlrabi **ein paar Minuten** vorkochen.

Gemüsebratlinge mit Gurkenquark

Bratlinge:

250 ml Brühe, 100 g Bulgur

2 EL Öl

1 rote Paprika, 1 Möhre, 100 g Knollensellerie, 1 Zucchini, alles fein gewürfelt

Pfeffer, Salz Paprika, edelsüß

1 Ei, 3 EL Semmelbrösel

2 EL Mehl, 50 g Butter

Gurkenquark:

1 Salatgurke, 1 Bund Dill, beides fein gewürfelt

250 g Magerquark

3 – 4 EL Milch, Pfeffer, Salz

1 Spritzer Zitronensaft

Für den Quark Gurke mit restlichen Zutaten verrühren, herzhaft würzen. Für die Bratlinge Brühe aufkochen, Bulgur darin etwa **10 Minuten** ohne Deckel kochen, bis die ganze Brühe aufgesogen ist. Abkühlen lassen. Inzwischen Öl erhitzen, Gemüse darin anbraten, **6 Minuten** dünsten, herzhaft würzen.

Bulgur mit Gemüse und restlichen Zutaten zu einem festen Brei verkneten. Mit feuchten Händen zu etwa 2 cm dicken Bratlingen formen, in der heißen Butter von beiden Seiten ca. **10 Minuten** lang knusprig braun braten. Zum Gurkenquark servieren.

Petersilienwurzel-Crumble

für 4 Portionen

400 g Petersilienwurzeln, 1 Möhre, 1 Süßkartoffel, alles fein gewürfelt

Salz

1 kleine Zwiebel, 150 g Pilze, z. B. Champignons, Austernseitlinge, beides klein geschnitten

2 EL Butter

1 TL Thymian, getrocknet

Pfeffer, 2 EL Mehl

1 EL Crème fraîche

1 EL geriebener Bergkäse

Streusel:

50 g Rauchmandeln oder andere Knabbernüsse, fein gemahlen

3 EL Butter, 3 – 4 EL Mehl

Ofen auf **180 °C** vorheizen. Gemüsewürfel in 1/2 l Salzwasser **3 Minuten** kochen. Abgießen, Kochwasser auffangen. Zwiebel und Pilze in 1 EL Butter dünsten. Würzen. Gemüsewürfel zugeben. Restliche Butter zerlassen, Mehl darin andünsten. Unter Rühren langsam das Kochwasser zugeben, zu einer dicken Sauce einkochen. Mit Crème fraîche und Käse abschmecken. In eine gefettete Auflaufform füllen. Mandeln mit Butter und Mehl zu dicken Streuseln verkneten, auf dem Gemüse verteilen und etwa **15 bis 20 Minuten** goldbraun überbacken. Schmeckt auch mit Pastinaken, Sellerie oder Möhren.

Nussbraten für Feiertage oder Besuch

für 4 Portionen

1 Gemüsezwiebel

650 g Fleischtomaten, in groben Stücken

1 EL Öl

300 g Nüsse (Macadamia, Para- oder Walnüsse oder eine Mischung)

100 g Kerne/Saaten (Sonnenblumenkerne, Kürbis, Leinsamen), alles fein gemahlen

1 EL frischer Oregano, 3 Eier

250 g geriebener Käse (mittelalter Gouda oder Emmentaler)

Pfeffer, Salz, Öl

Ofen auf **180 °C** vorheizen. Grob gewürfelte Zwiebel in Öl dünsten, Tomaten zugeben, **einige Minuten** mitdünsten. Alles in einer Schüssel mit den restlichen Zutaten mischen, herzhaft würzen. Die Masse in eine längliche mit Backpapier ausgelegte Backform (28 cm) füllen und **60 Minuten** backen. Mit der Pilzsauce (s. S. 29) zu Gnocchi und Rotkohl (s. S. 77) servieren.

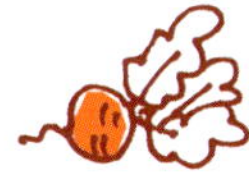

Süßkartoffel-Kartoffel-Fenchel-Auflauf

je 300 g Süßkartoffeln, neue Kartoffeln und Fenchel mit Grün, alles küchenfertig

Pfeffer, Salz, Öl

200 g Feta, gewürfelt

Ofen auf **180 °C** vorheizen. Süßkartoffeln in 3 x 3 cm große Stücke schneiden, Kartoffeln in kleinere Stücke, Fenchel in 1 cm breite Streifen, Grün klein schneiden. Alles mischen und herzhaft würzen, Öl unterziehen. In eine Auflaufform füllen, 1 bis 2 EL Wasser zugeben, mit Alufolie abdecken. Etwa **45 Minuten** backen. Mit Feta bestreuen, abgedeckt noch **15 Minuten** backen. Sofort servieren.

Tomaten-Aprikosen-Ragout mit Gewürzreis

für 4 Portionen

Ragout:

- *200 g Soft-Aprikosen, klein gehackt*
- *200 ml warme Gemüsebrühe*
- *800 g Fleischtomaten, mundgerecht*
- *1 EL Butter*
- *1 EL Bärlauchpaste (s. S. 33)*
- *Pfeffer, Salz, 1 Msp. Cumin*

Gewürzreis:

- *1 Zwiebel, 4 cm Ingwer, beides fein gehackt*
- *1 EL Bärlauchpaste*
- *1 EL Butter*
- *300 g Langkornreis*
- *3 grüne Kardamomkapseln*
- *1 Gewürznelke, 2 Sternanis*
- *1 Dose Kokosmilch*

Topping: 1 EL Butter

- *150 g grob gehackte Nüsse*
- *je 1 Prise Curry, Schwarzkümmel und Salz*

Aprikosen in der Brühe etwa **30 Minuten** quellen lassen. Tomaten in Butter und Bärlauchpaste andünsten, mit Aprikosen und Gemüsebrühe ablöschen, etwa **15 Minuten** dünsten, würzen. Für den Gewürzreis Zwiebel und Ingwer in Butter und Bärlauchpaste andünsten, Reis und Gewürze zugeben, Kardamomsamen aus den Kapseln lösen und mit den anderen Gewürzen zugeben. Unter ständigem Rühren alles andünsten. 4 Tassen Wasser erhitzen, salzen und mit Kokosmilch zum Reis und den Gewürzen geben. Einmal aufkochen, bei geringer Hitze und geschlossenem Deckel etwa **20 Minuten** garen. Für das Topping Butter erhitzen und Nüsse kurz rösten, mit Curry, Schwarzkümmel und Salz würzen. Sternanis und Gewürznelke nach Möglichkeit herausfischen. Gemüse und den Reis separat anrichten, über den Reis das Topping streuen.

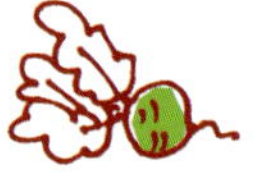

Gemüse als Beilage

Alle hier empfohlenen Gemüse schmecken zu Kartoffelpüree, gebratenem Reis, Tofu oder Gemüse-Bratlingen.

Kohlrabi-Sahnegemüse

2 Kohlrabi mit Blättern
2 EL Butter
50 ml Sahne
Pfeffer, Salz
1 Prise Zucker

Kohlrabi putzen und in mundgerechte Stücke schneiden, Blätter hacken. Gemüsestücke **8 bis 10 Minuten** in wenig Wasser kochen, Butter zugeben und zugedeckt weitere **7 Minuten** schmoren lassen, dann Sahne, Gewürze und klein geschnittene Kohlrabiblätter zugeben und **10 Minuten** mitschmoren.

Gebratener Chicorée

für 4 Portionen

4 Chicorée, Öl

8 Kirschtomaten, 200 g Feta

Pfeffer, Salz, 1/2 TL Oregano

Chicorée längs halbieren, in Öl anbraten, Tomaten halbieren und zugeben. Fetawürfel zugeben, würzen, noch **5 Minuten** weiterbraten. Auf 4 Tellern anrichten.

Pikanter Rosenkohl

für 4 Personen (als Vorspeise oder als Beilage)

750 g Rosenkohl

Saft von 1 Orange

1 EL heller Honig

Marinade:

3 Stängel Thymian

2 EL Öl

1/2 TL Salz

1 EL heller Balsamico

Ofen auf **200 °C** vorheizen. Rosenkohl waschen, so knapp den Strunk abschneiden, dass die Blätter nicht auseinanderfallen, mit der Schnittseite nach unten auf ein Backblech setzen Marinade-Zutaten verrühren, über den Rosenkohl streichen. **10 Minuten** backen. Orangensaft und Honig verrühren und auf dem Rosenkohl verteilen, weitere **7 Minuten** backen.

Rosenkohl mit Ingwer

400 g Rosenkohl, halbiert

6 cm Ingwer, 1 Zwiebel, beides fein gewürfelt

2 EL Butter, 100 ml Brühe

2 EL Crème fraîche

1 TL Zitronensaft, Pfeffer, Salz

1 EL gehackte Petersilie

Rosenkohl, Ingwer und Zwiebel **5 Minuten** in Butter dünsten, mit Brühe ablöschen und zugedeckt **6 bis 8 Minuten** köcheln, bis der Rosenkohl gar ist. Crème fraîche und Zitronensaft zugeben, würzen und mit Petersilie bestreut servieren.

Rotkohl mit Pilzen

für 4 Portionen

2 EL Öl

200 g Rotkohl

200 ml Brühe

100 ml Kokosmilch

200 g Champignons, in dünne Scheiben gehobelt

1 TL Salz

1 Stängel Rosmarin, fein gehackt

1/2 Bund glatte Petersilie

1 EL Öl erhitzen, fein geschnittenen Rotkohl **5 Minuten** bei mittlerer Hitze darin dünsten. Mit Brühe und Kokosmilch ablöschen, etwa **10 Minuten** leicht einkochen lassen. Restliches Öl erhitzen, Pilze **5 Minuten** braten. Rotkraut auf vier Tellern verteilen. Mit Pilzen und Kräutern bestreut servieren.

Passt gut zum Festtags-Nussbraten (s. S. 73).

Orangen-Möhren

für 4 Portionen

2 Bund Möhren, längs in gleich dünne Streifen geschnitten, kleinen Stängel stehen lassen

2 rote Zwiebeln, geachtelt

Marinade:

Saft von 1 Orange

Blätter von 2 Stängeln Thymian

1 TL Bärlauch-Pesto (S. 33)

2 EL Öl

Pfeffer, Salz

Ofen auf **180 °C** vorheizen. Marinade-Zutaten verquirlen, herzhaft würzen. Möhren und Zwiebeln darin **30 Minuten** ziehen lassen. Backblech mit Backpapier auslegen, gut abgetropfte Möhren und Zwiebeln auf dem Backpapier verteilen, **25 Minuten** backen.
Abgetropfte Marinade kann man als Basis für Salat-Dressing verwenden.

Kartoffeln gibt es das ganze Jahr. Trotzdem schmecken im Mai die neuen kleinen Kartöffelchen ganz besonders gut. Ganz einfach gekocht oder gebacken, nur mit etwas Butter und Salz – perfekt! Im Herbst, wenn es draußen hässlich und kalt wird, tröstet ein weich-fluffiger Kartoffelbrei ohne allen Schnickschnack über Dunkelheit und Regen, aber auch Liebeskummer oder Heimweh hinweg – Soulfood eben!

Alle Kartoffelpüree-Rezepte sind für **4 Portionen**.

Grundrezept Kartoffelpüree

1 kg mehlig kochende Kartoffeln

Salz

150 ml Milch oder 100 ml süße Sahne

1 EL Butter

frisch geriebene Muskatnuss

Kartoffeln schälen, in Salzwasser **20 bis 25 Minuten** kochen. Kochwasser abgießen, Kartoffeln ausdampfen lassen, mit dem Kartoffelstampfer (fein = Brei / Püree, grob = Stampf) zerdrücken. Butter mit Milch und/oder Sahne und Muskat aufkochen, langsam unter die Kartoffeln rühren. Abschmecken, fertig. Gut schmeckt es auch, wenn man eine Hälfte der Kartoffeln mit separat gekochtem Blumenkohl, Brokkoli, Petersilienwurzel oder Pastinaken ersetzt und püriert.

Achtung: Kartoffeln stampfen und nie mit dem Mixer pürieren, das Püree wird klebrig und glitschig. Junge Kartoffeln eignen sich nicht für Püree, sie enthalten noch nicht genug Stärke. Zum Kartoffelpüree schmecken gebratene Zwiebelringe, Spiegelei, gebratene Pilze wie Kräuterseitlinge, Champignons oder Waldpilze, zartes Gemüse wie Blumenkohl, Brokkoli, Kohlrabi, Spinat, gehacktes Basilikum oder Koriandergrün oder – ganz edel – etwas gehobelte Trüffel.

Kartoffelpüree-Reste kann man prima auch noch am nächsten Tag aufbraten.

Fenchel-Püree

1,5 kg Kartoffeln, Salz
300 ml Vollmilch
200 ml Schlagsahne, Muskat
75 g Butter (kalt)
1 kleine Fenchelknolle, in feinen Streifen
2 EL Olivenöl
3 EL Orangensaft, 1 EL Butter
Salz, Pfeffer
1 EL Crème fraîche

Kartoffelbrei nach Grundrezept zubereiten. Fenchel in Öl dünsten, mit Saft und etwas Wasser ablöschen, **10 bis 15 Minuten** garen, bis alle Flüssigkeit verkocht ist. Würzen. Zusammen mit fein geschnittenem Fenchelgrün unter das Kartoffelpüree ziehen und sofort servieren.

Oliven-Püree

1 kg Kartoffeln
250 ml Milch
4 EL Olivenöl
Pfeffer, Salz, Paprika
75 g entsteinte schwarze Oliven
50 g Salzmandeln
1/2 Bund Petersilie

Nach Grundrezept zubereiten, vor dem Servieren grob gehackte Oliven, Salzmandeln und Kräuter unterheben.

Lauch-Püree

1 Stange Lauch (350 g)
500 g Kartoffeln
150 ml Milch
2 EL Butter
Pfeffer, Salz, Muskat

Lauch putzen, längs halbieren und in 1/2 cm dicke halbe Ringe schneiden. Kartoffeln mit der Hälfte des Lauchs in einen Topf geben. Mit Salzwasser bedecken und zugedeckt aufkochen. Bei mittlerer Hitze **20 Minuten** garen. Inzwischen Milch mit 1 EL Butter erwärmen. Mit Salz, Pfeffer und frisch geriebener Muskatnuss würzen.

1 EL Butter in einer Pfanne schmelzen. Restlichen Lauch darin bei **mittlerer Hitze 5 Minuten** braten, salzen und pfeffern. Kartoffel-Lauch-Mischung abgießen und kurz ausdämpfen lassen. Mit einem Kartoffelstampfer fein zerstampfen. Milch-Butter-Mischung und gebratenen Lauch mit einem Holzlöffel unterrühren. Püree evtl. mit Salz, Pfeffer und Muskat nachwürzen.

Vegetarisch Grillen – nicht nur zur Sommerzeit

Obwohl Grillen ja eine Männerdomäne ist und viele Männer gern Fleisch essen, grillen mittlerweile immerhin 34 Prozent der deutschen Männer am liebsten Gemüse! Zurecht, denn es gibt viele leckere Rezeptideen und Kombinationen.

Kichererbsenbällchen

für 4 bis 6 Portionen

2 Zwiebeln, gehackt

150 g Möhren, fein geraspelt

1 EL Öl

250 g Kichererbsen (Dose, gut abgetropft)

100 g zarte Haferflocken

1 Ei, 1 EL Ras al Hanout

Pfeffer, Salz

Zwiebeln und Möhren etwa **5 Minuten** in Öl andünsten. Mit restlichen Zutaten pürieren, etwa **30 Minuten** quellen lassen. Ist die Masse zu weich, mehr Haferflocken zugeben. Mit nassen Händen zu kleinen Kugeln formen. Auf dem nicht mehr so heißen Grill etwa **5 bis 10 Minuten** grillen. Schmeckt gut auf gegrillten Zucchini-Scheiben.

Zucchini-Scheiben

Pro Person 1/2 Zucchini in 2 cm dicke Scheiben schneiden. Gleichzeitig mit den Kichererbsenbällchen **5 bis 10 Minuten** grillen, mit Pfeffer und Salz würzen. Zum Servieren die Bällchen mit einem Zahnstocher auf den Zucchini-Scheiben feststecken.

Gegrillte Maiskolben

für 2 bis 4 Portionen

4 Maiskolben

1 Chilischote, in feinen Streifen

4 Stängel Oregano, 2 EL Butter

Salz

Maiskolben in Salzwasser **30 bis 35 Minuten** kochen, kalt abspülen, salzen, mit Butter bestreichen, jeweils auf ein Stück Alufolie legen, Kräuter und Chilischote darüber streuen. In die Folie einwickeln, **15 Minuten** auf den heißen Grill legen. Öfters wenden.

Gegrillte Avocado

für 4 Portionen

2 Avocados

2 Stängel frischer Koriander, ersatzweise glatte Petersilie

1 Frühlingszwiebel

1 große Tomate, fein gehackt

1 EL Öl, 1/2 Chilischote

1 TL Zitronensaft, Salz

Avocados halbieren, nicht schälen, Kern vorsichtig herauslösen, Avocados mit der Schnittfläche für **5 Minuten** auf den Grill legen. Inzwischen restliche Zutaten mischen und in die gegrillten Avocados füllen.

Scharfe Gemüsespieße

für 8 bis 10 Portionen

500 g rote Zwiebeln, geschält und geachtelt

500 g Champignons, halbiert

8 kleine Zucchini, in Scheiben

je 2 gelbe und rote Paprika, in Stücke geschnitten

2 Zweige Rosmarin, die Nadeln fein gehackt

Marinade:

8 EL Balsamcio

250 ml Öl

2 – 3 TL Sambal Oelek

Marinadezutaten verrühren. Gemüse darin **2 Stunden** marinieren, gut abgetropft abwechselnd auf Spieße stecken. Etwa **5 bis 10 Minuten** grillen, dabei noch einmal mit der Marinade bepinseln. Wer es nicht so scharf mag, lässt *Sambal Oelek* weg!

Rucolasalat mit Grill-Mango

für 4 Portionen

Salat:

400 g Rucola- od. Löwenzahnsalat

2 Schalen Kresse

100 g Radiccio, klein geschnitten

500 g reife, aber nicht zu weiche Mangos

Dressing:

je 2 EL Ahornsirup und Öl

1 TL Senf, 3 EL Mayonnaise

Pfeffer, Salz

Salate in einer Schüssel mischen. Dressingzutaten verrühren. Das Fruchtfleisch der Mango so vom Kern schneiden, dass längliche Spalten entstehen, auf dem Grill etwa **1 bis 2 Minuten** grillen. Salat auf vier Tellern verteilen, Dressing darüber träufeln, mit den gegrillten Mangospalten servieren.

Obstspieße vom Grill

für 8 Spieße: 8 Pflaumen, 4 Aprikosen, 2 Nektarinen

Marinade:

2 Stängel Minze oder Zitronenmelisse, fein gehackt

2 EL Honig

Saft und Abrieb von 1 Bio-Limette

1 EL Rohrzucker, 1 EL Butter

Obst entkernen, halbieren oder in Spalten schneiden. Abwechselnd auf 8 Spieße stecken. Auf dem Grill etwa **8 Minuten** grillen. Inzwischen Marinade-Zutaten gemischt in einer feuerfesten Schale auf den Grill stellen und schmelzen lassen. Spieße mit der Marinade bepinselt servieren.

Süßes, Kuchen, Desserts und Eis

Beerensalat in Ingwersirup

für 4 Portionen

je 100 g rote Johannis-, Stachel-, Blau- und Himbeeren

200 g Erdbeeren

Blätter von 4 Stängeln Zitronenmelisse, fein gehackt

250 ml Ingwersirup (s. S. 93)

Beeren in 4 Schüsseln verteilen, mit warmem Ingwersirup mischen und mindestens **30 Minuten** ziehen lassen. Mit Zitronenmelisse bestreuen und mit Vanilleeis oder Schlagsahne servieren.

Basilikum-Eis

250 g griechischer Joghurt
Zucker

1/4 – 1/2 Bund Basilikum

Joghurt nach Geschmack süßen, dann so viel Basilikum darin fein pürieren, wie es einem schmeckt. In der Eismaschine oder einer flachen Schale gefrieren lassen. Damit sich dort keine harten Eiskristalle bilden, öfter umrühren. In kleinen Gläsern oder Muffinformen servieren.

Rhabarber-Michel

für 4 Portionen

4 Scheiben Hefezopf oder Rosinenbrot

300 g Rhabarber, in 2 cm großen Stücken

2 EL Zucker

Butter für die Form

Schlagsahne zum Servieren

Sauce:

200 ml Milch, 3 Eier

Ofen auf **200 °C** vorheizen. Klein gewürfelten Hefezopf und Rhabarber mit Zucker mischen, in eine gefettete Auflaufform füllen. Für die Sauce Eier und Milch gut verquirlen. Über den Rhabarber-Brot-Mix gießen. Mit Alufolie bedeckt etwa **15 bis 20 Minuten** backen. Folie entfernen, weitere **10 bis 15 Minuten** goldbraun backen. Lauwarm mit Schlagsahne servieren.

Möhrenmandelkuchen

für 4 bis 6 Portionen

je 125 g Rohrzucker, gemahlene Mandeln und geriebene Möhren

2 Eier, getrennt

1 TL Amaretto

1/2 TL Backpulver, Butter

Ofen auf **180 °C** vorheizen, eine kleine Springform (17 – 20 cm Ø) mit Butter fetten. Eigelb mit restlichen Zutaten und Möhren mischen. Eiweiß steif schlagen und unter die Masse heben. In die Form füllen und **30 bis 35 Minuten** backen. Stäbchenprobe. Vor dem Servieren mit Puderzucker bestreuen oder mit Zuckerguss überziehen.

Avocado-Nusskuchen

für 6 bis 8 Portionen

Teig:

- *125 g Pekannüsse, grob gemahlen, 50 g Kokosraspeln, beides ohne Fett kurz geröstet*
- *Datteln, entsteint, gemahlen, Menge nach Geschmack*
- *3 EL Kokosöl, zimmerwarm*

Füllung:

- *5 Avocados, entsteint*
- *200 ml Limettensaft, frisch gepresst*
- *175 g Honig*
- *175 ml Kokosöl*
- *Zucker oder Honig nach Geschmack*

Ofen auf **150 °C** vorheizen und Nüsse auf dem Backblech rösten. Springform (Ø 18 cm) am Boden und Rand mit Backpapier auslegen. Teigzutaten zu einer krümeligen Masse verkneten, so viel Datteln nehmen, bis es einem süß genug ist. Auf dem Boden gut festdrücken. Kalt stellen.

Füllungszutaten im Mixer zu einer glatten Masse pürieren. Nach Geschmack süßen. Füllung auf dem Teigboden verteilen, über Nacht im Kühlschrank fest werden lassen. Zum Servieren vorsichtig aus der Form lösen und sofort servieren.

Slush – Wasser-Eis nicht nur für Kinder

1 Möhre

1 Orange

2 cm Ingwer

Apfelsaft

evtl. Ahornsirup oder Honig

Kinder lieben Eis aus **Slush**-Formen. Im Gefrierfach vorfrieren, den Saft-Mix einfüllen und die Kinder dann ein paar Minuten schütteln oder rühren lassen, bis das Eis fertig ist.

Möhre und Orange mit dem Ingwer entsaften, mit der gleichen Menge Apfelsaft mischen, evtl. mit 1 Spritzer Ahornsirup oder Honig nachsüßen. Die Reste vom Fruchtfleisch kann man in einem Smoothie verwenden. Die Flüssigkeit in Wassereis-Formen füllen und gefrieren lassen. Die Formen lassen sich leichter lösen, wenn man sie kurz mit kaltem Wasser abspült. Wer keine Eisformen hat, nimmt kleine Gläser oder Muffinformen, dabei den Holzstiel erst einstecken, wenn die Masse schon etwas angefroren ist.

Weitere gute Mischungen sind Apfel – Rote Bete – Beerensaft, Gurke – Limette – 2 Blatt Minze, Zucchini – Aprikose – Zitronensaft. Wer es cremiger mag, püriert eine gefrorene Banane oder eine Handvoll Beeren in den Saft.

Melonen-„Eis“

Eine Wassermelone halbieren, in Streifen und dann in dreieckige Stücke schneiden, Holzlöffelchen in die breite Seite einstecken, kalt stellen und servieren. Schneller und gesünder geht „Eis“ nicht.

Die idealen Begleiter zum Essen: Getränke-Ideen

Vegetarier leben nach Expertenmeinung nicht nur gesünder, weil sie kein Fleisch essen, sondern auch, weil sie sich mehr bewegen, selten rauchen, kaum Alkohol trinken und zu viel Süßes meiden.

Und sie trinken in der Regel genug: Mindestens zwei Liter am Tag sollen es sein. Wem im Sommer Leitungs- oder Mineralwasser zu langweilig ist, sollte „Wasser mit Geschmack" oder *Infused Water*, wie es jetzt heißt, probieren. Da das besser schmeckt, kommt man leichter auf die notwendige Flüssigkeitsmenge und erhält noch nebenbei eine zusätzliche Portion Gesundheit! Man muss nicht unbedingt eine extra dafür konstruierte Flasche kaufen, jede gut schließende Flasche ist geeignet. Fein geschnittenes Obst, Gemüse und Kräuter der Saison zusammen mit einer Handvoll Eiswürfeln in die Flasche geben, mit Wasser oder Mineralwasser auffüllen: Fertig!

Gurken-Zitronen-Wasser

1/2 Bio-Zitrone
1/4 Gurke

Gurke wirkt entzündungshemmend, Zitrone spendet Vitamin C.

Apfel-Zimt-Wasser

1 mürber, süßer Apfel

1 Stange Zimt

Ideales Wintergetränk. Äpfel regen den Stoffwechsel an, Zimt senkt Blutzuckerwerte und Cholesterinspiegel.

Wer bei Bus- oder Schiffsreisen seekrank wird, sollte eine Flasche davon mitnehmen.

Ingwertee

3 – 5 Scheiben Ingwer

evtl. 1 Stängel Pfefferminze

Saft von 1/2 Zitrone, Orange oder Limette

Mit 2 Tassen Wasser aufkochen, **5 Minuten** köcheln lassen. Nach Geschmack mit Pfefferminze oder Fruchtsaft verfeinern. Schmeckt auch kalt.

Ingwer-Orangen-Sirup

750 g Ingwer, klein geschnitten

Saft von 6 Orangen und 4 Zitronen

1 kg Zucker

Ingwer mit 2 l Wasser aufkochen, **1 Stunde** köcheln. Über Nacht stehen lassen, am nächsten Tag pürieren, durch ein Sieb streichen. Saft von den Zitrusfrüchten auspressen und mit dem Ingwersud und Zucker aufkochen, **5 Minuten** kochen lassen. Noch heiß in Flaschen mit Schraubverschluss füllen. Kalt stellen. Mit Mineralwasser, Sekt oder Gin und Eiswürfeln servieren.

Ingwerfans lassen den Sirup ungesiebt. Er schmeckt dann schärfer. Das Fruchtfleisch, das sich am Boden absetzt, in eine kleine Flasche umfüllen. Mit heißem Wasser aufgebrüht ergibt es ein gutes Erkältungsgetränk.

Basilikum-Limo

Blätter von 1/2 Bund Basilikum

Saft von 2 Limetten

Honig, Ahorn-, Agaven- oder Kokos-blütensirup

ca. 300 ml eiskaltes Mineralwasser

Eiswürfel

Basilikumblätter im Saft pürieren, durch ein feines Sieb streichen, sehr stark süßen und mit Mineralwasser und Eiswürfeln servieren. Erwachsenen schmeckt es auch mit Gin!

Rezeptverzeichnis

Einkaufsratgeber als App oder Broschüre bei *www.greenpeace.de*

- Gemüse in Biokisten (Lieferung ins Haus) bei *www.biokisten.org*, *www.oekokiste.de*
- Gemüse, das nicht der Norm entspricht, z. B. krumme Gurken, in der Biokiste: *etepetete-bio.de* (von Biohöfen in Süddeutschland), deutschlandweiter Versand per Post
- kostenlos Obst ernten: *www.mundraub.org*

Weitere Titel aus dem BuchVerlag für die Frau zum vegetarischen und gesunden Essen:

- Ayurveda im Alltag
- Minibücher: Weizengras, Sprossen & Co, Amaranth & andere Vitalkörner, Backen einmal anders, Essen von der Wiese, Noch mehr Essen von der Wiese, Essen von Bäumen und Sträuchern, Herbe Beeren, Hildegard von Bingen, Vegane Küche – schon probiert, Multitalent Zwiebel und viele mehr

Einfach reinschauen: **www.buchverlag-fuer-die-frau.de**

Bildnachweis

Colourbox.de (S. 4, 13 rechts, 14, 15 oben, 17, 19, 20, 25, 31 links, 32, 33, 36, 37, 39, 41, 42, 50, 55, 61, 63, 64, 65, 68, 71, 78, 81 links , 83, 84, 91, 92)

Fotolia.com (Alexander Raths: Titel oben; kab-vision: Titel unten, S. 45; Marén Wischnewski: S. 31 rechts; karepa: S. 38; A_Lein: S. 44; JackStock: S. 58; lucky elephant: S. 69; Petra Fischer: S. 72; charlottelake: S. 80)

Carola Ruff (S. 7, 8, 13 links, 15 unten, 88)

Verlagsarchiv (S. 2, 4, 8, 16, 22, 67, 75, 76, 81 rechts, 83)